MARCO ⊕ POLO

FUER TEVEN TURA

ATLANTISCHER
OZEAN

Azoren (Port.)

Madeira (Port.)

Kanarische Inseln
(Span.)

Fuerteventura

West-
sahara

MARCO POLO AUTOR
Hans-Wilm Schütte
Als Schütte 1990 zum ersten Mal auf die Insel kam, zog er
sich gleich einen Sonnenbrand zu. Das hielt ihn aber nicht
davon ab, sich in die Insel zu verlieben: Die sanfte Luft,
die Strände, das karge Bergland haben ihn immer wieder
hergelockt. Schütte arbeitet als freier Autor in Hamburg
und ist Chinawissenschaftler, aber gerade vor diesem
Hintergrund schätzt er „Fuerte" als Kontrastprogramm.

REIN INS ERLEBEN

Mit dem digitalen Service von MARCO POLO sind
Sie noch unbeschwerter unterwegs: Auf den
Erlebnistouren zielsicher von A nach B navigieren
oder aktuelle Infos abrufen – das und mehr ist nur
noch einen Fingertipp entfernt.

Hier geht's lang zu den digitalen Extras:

http://go.marcopolo.de/fue

 ## Touren-App

Ganz einfach orientieren und jederzeit wissen, wo genau Sie gerade sind: Die praktische App zu den Erlebnistouren sorgt dank Offline-Karte und Navigation dafür, dass Sie immer auf dem richtigen Weg sind. Außerdem zeigen Nummern alle empfohlenen Aktivitäten, Genuss-, Kultur- und Shoppingtipps entlang der Tour an.

HTTP://GO.MARCOPOLO.DE/FUE

 ## Update-Service

Immer auf dem neuesten Stand in Ihrer Destination sein: Der Online-Update-Service bietet Ihnen nicht nur aktuelle Tipps und Termine, sondern auch Änderungen von Öffnungszeiten, Preisen oder anderen Angaben zu den Reiseführerinhalten. Einfach als PDF ausdrucken oder für Smartphone, Tablet oder E-Reader herunterladen.

SYMBOLE

 Insider-Tipp

⭐ Highlight

🟢🔵🟠🟣 Best of …

 Schöne Aussicht

 Grün & fair: für ökologi-
sche oder faire Aspekte

(*) kostenpflichtige Tele-
fonnummer

**PREISKATEGORIEN
HOTELS**

€€€ über 520 Euro

€€ 320–520 Euro

€ bis 320 Euro

Durchschnittspreise für eine
Woche pro Person inkl. Halb-
pension im billigsten Zimmer
(Belegung mit zwei Perso-
nen)

**PREISKATEGORIEN
RESTAURANTS**

€€€ über 13 Euro

€€ 9–13 Euro

€ bis 9 Euro

Die Preise gelten für ein
Hauptgericht ohne Getränke

INHALT

GUT ZU WISSEN
Geschichtstabelle → S. 14
Spezialitäten → S. 28
Unfreiwilliges Exil → S. 42
Ländlicher Tourismus → S. 45
Bücher & Filme → S. 52
Fehlinvestitionen → S. 76
Variable Ortsnamen → S. 87
Feiertage → S. 111
Was kostet wie viel? → S. 118
Wetter → S. 119

KARTEN IM BAND
(126 A1) Seitenzahlen und Koordinaten verweisen auf den Cityatlas
(0) Ort/Adresse liegt außerhalb des Kartenausschnitts
Es sind auch die Objekte mit Koordinaten versehen, die nicht im Reiseatlas stehen.
Karte Corralejo S. 36
Karte Puerto del Rosario S. 51

(🗺 A–B 2–3) verweist auf die herausnehmbare Faltkarte

UMSCHLAG VORN:
Die wichtigsten Highlights

UMSCHLAG HINTEN:
Übersichtskarte Kanarische Inseln

Die besten MARCO POLO Insider-Tipps

Von allen Insider-Tipps finden Sie hier die 15 besten

INSIDER TIPP ▶ **Schnabel vorn**

So groß wie der Schnabel des *Marabú*, so bekannt ist das gleichnamige Lokal in Esquinzo, in dem man drinnen oder draußen unter Palmen speisen kann. Ein Großteil der Zutaten kommt von Inselbauern → S. 80

INSIDER TIPP ▶ **Erst schlemmen, dann schlafen**

Man kennt das Problem: Zu einem guten Essen gehört ein guter Wein, aber wer fährt einen dann wieder ins Hotel? Die Lösung bietet der *Patio de Lajares:* ein Gourmetlokal mit Gästezimmern → S. 43

INSIDER TIPP ▶ **Werden Sie Künstler!**

Hunderte oder Tausende haben schon mitgebaut am originellen Steinmännchenwald auf der *Punta de Tostón.* Kiesel liegen noch mehr als genug herum. Was Sie benötigen, ist eine ruhige Hand, Geduld und Vorsicht: eine falsche Bewegung, und man fängt wieder von vorn an (Foto o.) → S. 43

INSIDER TIPP ▶ **Was aufs Ohr**

Musik-Amateure tragen erheblich zur sympathischen Livemusikszene von Morro Jable/Jandía Playa bei. Ihr Spektrum reicht vom kanarischen Volkslied bis zu afrikanischen Rhythmen → S. 85

INSIDER TIPP ▶ **Im Latinofieber**

Wer mal richtig abtanzen möchte, fährt am besten in die Inselhauptstadt *Puerto del Rosario.* Am meisten los ist am Wochenende spät nachts → S. 50

INSIDER TIPP ▶ **Kanarisch-kulinarisch ...**

Wie schön ein nach einheimischer Ästhetik gestaltetes Lokal sein kann, wussten selbst die Insulaner nicht, ehe die *Casa Santa María* eröffnete, der würdige kulinarische Fixpunkt in Betancuria (Foto re.) → S. 58

INSIDER TIPP ▶ **Papageienspäße**

Im *Oasis Park* bei La Lajita wird echt tierische Unterhaltung geboten. Besonders witzig ist die Papageienshow → S. 69

INSIDER TIPP **Fundgrube für Urlaubslektüre**

Wollen Sie mehr wissen über Pflanzen und Tiere, die Sie auf der Insel sehen? Fehlt ein Urlaubskrimi? Die deutsche Buchhandlung in *Costa Calma* hat das Passende Schwarz auf Weiß → S. 74

INSIDER TIPP **Wilder Westen**

Wild ist die Westküste, und was würde dazu besser passen, als sie vom Pferderücken aus zu erleben? Der *Reiterhof bei La Pared* macht das Abenteuer möglich → S. 78

INSIDER TIPP **Ab unter Wasser!**

Wer die vielfältige Unterwasserwelt erleben, dabei aber nicht nass werden möchte, steigt in eines der Tauch- oder Glasbodenboote, die zu nautischen Exkursionen in See stechen → S. 108

INSIDER TIPP **Kanarische Kunst**

Das Ausstellungszentrum *Centro de Arte Canario* in La Oliva präsentiert Werke kanarischer Maler → S. 45

INSIDER TIPP **Piraten schlagen**

Immer wieder wurden Fuerteventuras Bauern Opfer von Piratenüberfällen. Einmal blieben sie Sieger – und daran erinnert die schöne *Fiesta von Tuineje* → S. 111

INSIDER TIPP **Mit dem Drahtesel über Stock und Stein**

Radeln ist angesagt! Ein guter Anbieter für Leihräder und organisierte Touren ist *Easy Riders* in Corralejo → S. 36

INSIDER TIPP **Sofa im Fahrtwind**

Auf einem Trike, einem dreirädrigen Motorrad, die Insel zu erkunden ist ein besonderes Erlebnis. *Xtreme Car Rental* in Jandía Playa macht's möglich → S. 84

INSIDER TIPP **Das Göttliche**

Oder besser: „Die Göttliche", denn gemeint ist die wunderbare *Bar-Lounge El Divino* in Costa Calma, deren entspannte Atmosphäre allen gefällt – und es darf getanzt werden! → S. 75

BEST OF ...

TOLLE ORTE ZUM NULLTARIF
Neues entdecken und den Geldbeutel schonen

● **Grandiose Landschaft**

Wie schön, dass das Beste von Fuerteventura immer noch gratis ist: der Sand, die Dünen, das Meer. Nirgends heben Farben und Formen einen besser aus dem Alltag als hier, in den *Wanderdünen von Corralejo* → S. 33

● **Zu Besuch bei den Altkanariern**

Schon die Anfahrt durch ein Malpaís – ein unwegsames Lavafeld – ist etwas Besonderes. Wie einfach das Leben der Ureinwohner war, sieht man dann an den teilrestaurierten Lava-Iglus der *altkanarischen Ruinenstätte* → S. 56

● **Atemberaubender Blick**

Vom *Mirador Morro Velosa,* dem wohl besten Aussichtspunkt der ganzen Insel, schweift der Blick von den Hängen des 645 m hohen Bergs Tegú über die weiten Täler der Inselnordens bis zu den Vulkanen (Foto) → S. 59

● **Freiluftkunst**

Der *Parque Escultórico* (Skulpturenpark) erstreckt sich fast über die ganze Inselhauptstadt Puerto del Rosario. Aufgestellt sind die besten Stücke aus zehn Jahren Bildhauerwettbewerb. Ein Faltblatt stellt 16 von ihnen vor → S. 48

● **Alles Käse**

Das ist (hoffentlich!), was die *Ziegenfarm Finca Pepe* bei Betancuria als Endprodukt liefert. Hier können Sie in den ganzen Prozess vom Melken der Ziegen bis zum fertigen Laib Einblick gewinnen, und zwar gratis → S. 61

● **Die wilde Westküste**

Das Gischten der Brandung kann man an mehreren Stellen erleben, aber in *Puertito de los Molinos* hat man noch ein Fischerdörfchen, einen Strand und einen Ententeich: ländliches Fuerteventura im Kleinformat – eine Art Freilichtmuseum, das keinen Eintritt kostet → S. 106

● ● ● ● Diese Punkte zeichnen in den folgenden Kapiteln die Best-of-Hinweise aus

TYPISCH FUERTEVENTURA
Das erleben Sie nur hier

● *Wind, Wogen, Worldcup*
Besser kann das Urlaubserlebnis nicht werden: Wenn
die besten Windsurfer der Welt in der schönsten
Lagunenlandschaft der Kanarischen Inseln ihr
artistisches Können zeigen und die Zuschauer zum Staunen bringen → S. 111

● *Mehr als nur ein Hauch von Rio*
Beim *Karneval* in Puerto del Rosario mit
seinem grandiosen, phantasievollen Fest-
umzug zeigt sich eindrucksvoll, wie sehr
Lateinamerikanisches zur Kanarenkultur
gehört → S. 110

● *Fachkundig wandern*
Wer einmal eine *geführte Wanderung* mitge-
macht hat, weiß, wie viel Interessantes und Wun-
derbares die scheinbare Ödnis birgt – im Kleinen wie
im Großen – man muss nur genau hinschauen → S. 105

● *Herrenhaus für Genießer*
La Era de la Corte am Rande von Antigua ist nur eine von mehreren
Herbergen, die – stilecht hergerichtet – das ländliche Fuerteventura
von einst erfahrbar machen – wenn auch mit allen Annehmlichkeiten
von heute versehen ... → S. 56

● *Lebendige Vergangenheit*
Das große und schön gemachte Freilichtmuseum *La Alcogida* zeigt das
typische Fuerteventura der Vergangenheit (Foto). Lebendig gehalten
wird es unter anderem durch traditionelle Handwerkstätten, die heute freilich für die Besucher produzieren → S. 53, 108

● *Authentisches Flair*
Betancuria, ein kleiner Ort im Inselinneren mit dichter Atmosphäre,
den schönsten Läden für authentisches Kunsthandwerk und mit einer
wenig besuchten Klosterruine, zeigt, welchen Gang das Leben auf Fuerteventura einst ging → S. 57

● *Strände ohne Ende*
In *Cofete*, oberhalb endloser, nahezu menschenleerer Sandstrände gelegen, lässt sich erahnen, wie es vor 1960 auch auf der anderen Seite der Halbinsel ausgesehen hat, wo heute die großen Hotels stehen.
Und dann ist da noch die geheimnisvolle Villa Winter ... → S. 89

TYPISCH

BEST OF ...

● Bild und Ton
Multivisionsschau in Betancuria: Zu den Bildern, die hier mit Klanguntermalung die schönsten Seiten der Insel präsentieren, gehören auch solche, die von der phantastischen Blütenpracht erzählen, die nach winterlichen Regenfällen wie aus dem Nichts entsteht → S. 58

● Höhlenabenteuer
Die Lavahöhle *Cueva del Llano* ist nach oben hin geschlossen, und das dazugehörige kleine Museum ebenfalls überdacht – ein interessantes Ziel, wenn's für den Strand zu kalt (oder zu heiß) ist (Foto) → S. 39

● Geschützter Einkaufsbummel
Wenn's draußen mal zu heiß wird, bietet das mehrgeschossige Shoppingcenter *Las Rotondas* in der Hauptstadt Puerto del Rosario mit seinem klimatisierten Inneren einen willkommenen Zufluchtsort → S. 50

● Zur Abwechslung mal Kunst
Las Rotondas ist erledigt? Dann sehen Sie sich doch einmal an, was im *Centro de Arte Juan Ismaël* in Puerto del Rosario an aktueller Kunst ausgestellt ist. Übrigens gibt's hier auch eine Cafeteria → S. 48

● Des Dichters Bleibe
Und noch einmal Puerto del Rosario: Ein Gang durch das *Museo Unamuno*, das ehemalige Hotel, in dem der spanische Dichter Miguel de Unamuno wohnte, ist auch beim zweiten Besuch noch interessant – eine echte Reise in die Vergangenheit → S. 48

● Essen mit Ausblick
Auf der Terrasse des *Mirador de Sotavento* können Sie draußen speisen, unter dem Dach windgeschützt sitzen und dazu noch die tolle Aussicht genießen: Diese Kombination ist so besonders, weil selten → S. 78

WETTER

ENTSPANNT ZURÜCKLEHNEN
Durchatmen, genießen und verwöhnen lassen

● **Schokolade und Wein zum Wohlfühlen**
Jedes gute Hotel bietet Wohlfühlprogramme mit Anwendungen, Algenbädern, Schokotherapien, Weinmassagen etc. Echte Maßstäbe setzten das *Gran Hotel Atlantis Bahía Real* in Corralejo und das *Barceló Fuerteventura Thalasso Spa* in Caleta de Fustes → S. 39, 62

● **Fischiges Vergnügen**
Sprechstunde bei *Dr Fish* oder *Fish & Feet* in Corralejo: Erst kribbelt's, wenn Sie die Beine ins Wasser tunken und die Fische ihr Werk beginnen, dann aber wird die Entspannung um so schöner → S. 37

● **In See stechen**
Mitsegeln auf *Katamaranen* ab Morro Jable ist ein Genuss – ohne Motorlärm und mit ausreichend Platz an Deck, um sich zu entspannen und die Fahrt zu genießen (Foto) → S. 84

● **Cocktails auf der Dachterrasse**
Und nicht nur das: In der Cocktaillounge *El Navegante* in Morro Jable sitzen Sie auch ebenso bequem wie entspannt – besonders schön bei einer sanften Sommerbrise und cooler Livemusik → S. 85

● **Chillout in der Hauptstadt**
Am Wein nippen, dazu ein wenig lecker speisen und die frische Meeresluft genießen: das alles geht in Puerto del Rosario am besten auf der *Terraza del Muelle* → S. 50

● **Urlaub im Urlaub**
Gran Tarajal selbst ist zwar kein touristisches Highlight, aber die fast ganz touristenfreie *Strandpromenade* hat etwas Magisch-Zeitloses, das einen alles drumherum vergessen lässt → S. 65

● **Cocktails, Polster, Patio**
So erfreulich und entspannend für Auge, Gaumen und Gesäß wünscht man es sich immer. Das kleine, gemütliche *Café Blanco* in Corralejo lässt das Ideal Wirklichkeit werden → S. 38

AUFTAKT

ENTDECKEN SIE FUERTEVENTURA!

Surfen, tauchen, Sonne tanken, segeln, wandern oder einfach mal nur richtig faul sein: Das sind mit einigen Variationen die Lieblingsbeschäftigungen der Fuerteventura-Gäste. Die Reize der Insel mögen auf den ersten Blick vielleicht nicht spektakulär sein, aber gerade das macht auch Fuerteventuras Stärke aus. Die Kanareninsel fordert nicht heraus, sie bietet an, und richtig berühmt ist sie eigentlich nur für ihre kilometerlangen Strände.

Einst verbannten Spaniens Machthaber die Dissidenten hierher. Der berühmteste von ihnen, der Dichter Miguel de Unamuno, nannte die Insel „ein nacktes, skeletthaftes, karges Land aus nichts als Knochen" – aber eben deswegen auch eine **„Oase in der Wüste der Zivilisation"** und „ein Land, das eine ermüdete Seele zu stählen vermag". Nun denn, dieses ärmlich-schlichte Eiland mit seinen bescheidenen Dörfern, einst ein Hungerleider unter den Kanaren, ist heute mehr Oase denn je, und das Stählen der Seele erlebt hier jeder Erholungsbedürftige, der sich auf das einlässt, was ihm die Insel gewissermaßen zu Füßen legt. All die Sonnenhungrigen und Surfbegeisterten, die heute freiwillig hergeflogen kommen, schätzen ebendies an Fuerteventura: die **Urwüchsigkeit**, die auf Sand, Stein und Strauchwerk reduzierte Landschaft inmitten

Für Einsiedler: Ermita de la Peña im Barranco de las Peñitas

des Ozeans, die **herbe Symphonie** aus fast weißem Strand, blauem Himmel, blaugrünem Meer, braungelber Steppe und grauschwarzem Geröll. Nichts ist hier von der üppigen Vegetation La Palmas oder der landschaftlichen Vielfalt Teneriffas zu erahnen, nichts vom quirligen Stadtleben auf Gran Canaria. Bis heute zählt Fuerteventura mit nur 61 Einwohnern pro Quadratkilometer zu den am dünnsten besiedelten Kanarischen Inseln, und der Hauptort Puerto del Rosario ist eine Kleinstadt von gerade einmal 36 000 Seelen.

Üppig grüne Oasen in rauer Wildnis

Die Insel bietet das ideale **Kontrastprogramm** zur Reizüberflutung. Hier gefährdet kein Besichtigungsstress die Erholung. Es gibt weder antike Gemäuer noch berühmte Museen. Dennoch sollten Sie auf einer Rundfahrt oder besser auf einer geführten Wanderung auch einmal die verborgenen Attraktionen aufspüren – ob Schluchten, Lavafelder oder Dorfkirchen –, die Ihnen den „Geist" der Insel nahebringen. Oder eine Siesta in einem kleinen Fischerort oder einem Bergdorf halten. Denn in den älteren Ortschaften herrscht vor allem eines: Ruhe. Da sitzt man vor der Dorfkirche unter schattigem Blätterdach, sieht einem Hibiskus beim Blühen zu, die Sonne malt helle Flecken aufs Pflaster, und *die Zeit steht still*. Man mag sich in die herrlichen Wanderdünen von Corralejo legen und sehen, wie der Wind die Sandkörner vor sich her bläst, oder zuschauen, wenn bei sinkender Sonne die Landschaft ihre *Farben aufleuchten* lässt: rostrote Hänge mit blassgrünen Streifen, graugrüne Flechten auf schwarzen Lavabrocken. Die Schatten wandern; fast nichts geschieht, und doch hat man etwas Großartiges erlebt.

Die Glücklichsten sind wohl die *Wassersportler*. Mit einer stabilen Wetterlage und Spots für alle Schwierigkeitsgrade locken die Strände ein buntes Surferpublikum an; wenn Wettkämpfe angesagt sind, reisen die Cracks aus aller Welt an. Da kaum einmal Regen, Sturm oder eine Flaute in die Quere kommen, lernen auch Anfänger schnell. Und sollte einer doch am Brett verzweifeln, kann er Katamaran se-

Surfer-Mekka mitten im Atlantik

geln oder beim Hochseeangeln sein Glück versuchen. Die wahren Qualitäten Fuerteventuras entdeckt aber erst, wer schnorchelnd oder tauchend in einem der vielen Tauchreviere entlang der Küsten die *phantastische Unterwasserwelt* in Augenschein nimmt. Jede Tauchschule hat ihre ganz speziellen Plätze. Mal sind es bizarre, im Meer erkaltete Lavaströme, mal weißer Sand, mal langsam zerfallende Schiffswracks, an denen sich alles an Fischen und anderem Seegetier tummelt, was in Küstennähe nur vorkommt.

Die Landschaft variiert nur wenige Themen: zu Kuppen geschliffene Vulkankegel, Kerbtäler, ein paar Palmenoasen, eine Handvoll kleiner Bergorte, kaum so viele Fischerdörfer, ab und zu Windräder oder eine Windmühle. Variantenreich und schön aber sind die Küsten. Da gibt es die kilometerlangen, *hellen, feinsandigen Strände* der Halbinsel Jandía, den fast weißen Dünenstrand bei Corralejo, die dunkelkiesigen, fast schwarzen kleinen Buchten vor den Fischerorten im Süden Maxoratas,

17./18. Jh.
Wiederholt überfallen Freibeuter die Küstenorte

1730–36
Viele Bewohner von Lanzarote fliehen vor Vulkanausbrüchen auf die Nachbarinsel Fuerteventura

1740
Die Bürger von Tuineje schlagen englische Piraten in die Flucht (Tamacite)

1837
Die Lehnsherrschaft, das Señorío-System, wird abgeschafft

1852
Die Kanaren werden Freihandelszone; Aufschwung u. a. durch den Export von Farbstoff, Soda und Kalk

des Inselhauptkörpers, und im Westen **wild umtoste Klippen** mit engen Einschnitten hier und da und Sand schwarz, gold und gelb. Auch die Brandung ist sehr unterschiedlich: An einem Strand können selbst kleine Kinder gefahrlos baden, am zweiten muss mit den Wogen gekämpft werden, am dritten reißt das Meer jeden fort, der sich zu weit hineinwagt.

Bildungsreisende werden mit Fuerteventura vermutlich nicht sehr glücklich werden. Von Interesse allerdings ist die **ländlich-bäuerliche Lebensweise** der früheren – und teils noch der heutigen – Insulaner. Wie erfindungsreich sie z. B. bei der Wassergewinnung, -bewirtschaftung und -aufbereitung sein mussten, ist faszinierend. Auch sonst war es nicht leicht, sich auf dieser zwar fruchtbaren, doch eher lebensfeindlichen Insel zu behaupten. Einwanderer aus Südspanien und Frankreich brachten neue Ackerbaumethoden und die Viehzucht nach Fuerteventura mit. Esel und Kamele wurden als Lasttiere und als „Antrieb" für Brunnengöpel eingesetzt. Das Sagen hatten die *señores;* den einfachen Insulanern, den *majoreros*, erging es über Jahrhunderte mehr schlecht als recht. Nur 6000 bis 8000 Einwohner dürfte es damals gegeben haben. Blieb der Regen längere Zeit aus oder fielen Heuschrecken aus der Sahara ein, waren Hungersnöte unvermeidlich. Hilfe von außen gab es nur für die *señores* und das Militär, dessen einstige Kommandozentrale, die **Casa de los Coroneles** in La Oliva, heute der bedeutendste historische Profanbau der Insel ist.

Erfindungsreiche Überlebensstrategien

Dieses repräsentative Gebäude sowie etliche ehemalige Bauernhäuser und Scheunen wurden in den letzten Jahren stilgetreu restauriert und teils zu Museen umgewandelt, teils als Ferienwohnungen hergerichtet. **Ländlicher Tourismus** lautet das Stichwort, interessant vor allem für solche Gäste, die für ihren Urlaub weniger eine Taucher- als vielmehr eine Lesebrille und ein gutes Buch benötigen. Abgesehen von diesen kleinen Herbergen für wenige Gäste, denen die Strandferne nichts ausmacht, wohnt man ganz überwiegend in wassernahen Hotel- und Apartmentanlagen mit selten unter 100 Einheiten.

Am ehesten Gelegenheit, **die spanische Seite der Insel** zu erleben, hat man aber abseits der Strände, im Landesinnern, und zwar am besten bei einer **Fiesta**. Da spie-

1912 Den Inseln wird eine Selbstverwaltung zugestanden

1927 Fuerteventura wird Teil der neuen Provinz Gran Canaria

1966/67 Fremdenverkehr setzt ein

1986 Spanien tritt der EG bei; die Kanarischen Inseln erhalten Sonderstatus

1993 Volle Integration der Kanaren in die EU

2008 Erstmals 100 000 Einwohner

len dann nachts die Bands auf dem Dorfplatz zum Tanz auf, an Buden werden Imbisse verkauft, Alt und Jung sind auf den Beinen. Am Haupttag schreitet eine Heiligenprozession einher, vornweg die Honoratioren und dahinter im Festtagsstaat die Dorfbevölkerung, sofern sich nicht, wie in manchen Fischerorten, geschmückte Boote zu einem Umzug auf dem Wasser versammeln. Mit Fiestas und Karneval ist beim Feiern noch nicht Schluss. Diese traditionellen Termine werden heute in den Schatten gestellt von moderneren Besuchermagneten, die für manche ein Grund sind, von weither deswegen anzureisen. Besonders gilt dies für die alljährlich Ende Juli/ Anfang August durchgeführten *Windsurf-Weltmeisterschaften*. Vor allem die Freestyle-Surfer mit ihren akrobatischen Kapriolen locken scharenweise Zuschauer an. Musikenthusiasten strömen im März nach Corralejo zum Bluesfestival, und im frühen November, beim Internationalen Drachenfestival, hängt ebendort der Himmel über den weißen Wanderdünen voller phantasievoller, bunter Gebilde.

Fiesta de Santo Domingo

In dieser Hinsicht wird zum Glück einiges an *Abwechslung* geboten. Geführte Radtouren und Wanderungen verschiedener Schwierigkeitsgrade sind am einfachsten zu realisieren, aufregender wird es bei Motorrad- oder Quadtouren, und wer mehr über die Insel erfahren will, findet liebevoll gemachte Museen sowie Kunstausstellungen und Galerien. Mindestens ein Strandspaziergang pro Tag muss aber immer sein, denn bessere Erholung für Seele, Geist und Körper gibt es auf der Insel nicht, als zur *Musik von Wind und Wogen* durch den Sand zu stapfen. Der letzte Abend rückt heran. Wie Abschied nehmen? Noch einmal eine Beach-Party

Prozessionen, Wellen-reiter und Drachen

feiern? Eine Paella mit frischen Meeresfrüchten im Hotelrestaurant genießen? Einen Umtrunk mit Sangria an der Poolbar veranstalten? Vielleicht fahren Sie aber doch lieber noch einmal in ein verschlafenes Fischerdorf, wo Sie am Strand auf der Terrasse eines kleinen *Bar-Restaurante* einen herrlich frischen Fisch verspeisen und einen herben Landwein trinken, wo Sie *noch einmal die Brandung rauschen hören* und Ihnen der Passat die Haare zaust ...

IM TREND

1 Frisches vom Acker

Regionale Produkte Fuerteventura besinnt sich aufs Eigene, und das betrifft nicht nur die allseits bekannten Tomaten oder Aloe vera. Gemeint sind vielmehr die echten Bauernmärkte, die z. B. in Puerto del Rosario, am Oasis Park oder in La Oliva zu finden sind und ausschließlich dem Verkauf von Inselprodukten dienen. Auch die besseren Restaurants sehen heute zu, dass sie ihr Frischgemüse möglichst von Inselbauern beziehen. Als Landwirt einen Namen gemacht hat sich ausgerechnet ein Deutscher: Björn Mühlen *(bjoernmuehlen. com)*. Sein Hof liegt im Tal von Tarajalejo.

2 Recycle Art

Aus alt mach neu Die Recycle-Künstler sammeln, was andere wegwerfen, machen daraus Kunst und halten nebenbei die Umwelt sauber. João, Luis und Xandi alias *Skeleton Sea (www.skeletonsea.com) (Foto)* basteln Fische aus Altmetall. Die Mosaikkünstlerin Angelika Heckhausen *(www.angelika-heckhausen. de)* macht aus Plastikmüll Kunst, die sie in den Shops von *Clean Ocean Project (www.cleanoceanproject.org)* verkauft (Läden in Corralejo, Cotillo und Lajares). Organisiert werden auch Beach Cleanings.

3 Insel-Blues

Musikalisches Corralejo Jährlich im Oktober erwischt der Blues Corralejo, dann steigt dort das *Bluesfestival*. Bands spielen in Bars und open air, vor allem auf der *Plaza Patricio Calero*, wo eine Bühne aufgebaut wird. Auch in den Musikkneipen geht's rund. Ebenso beliebt ist das *Festival Fuerteventura en Música* Ende Juni/ Anfang Juli am Strand von Cotillo – und vorm Abendhimmel echt stimmungsvoll!

Romantische Natur

Casas Rurales Einige kleine Landhotels haben sich zu den ☘ *Casas Rurales* zusammengeschlossen; die Häuser setzen auf Nachhaltigkeit. Tinín Martínez und Zaragoza Estévez z. B. führen das Hotel *Mahoh Villaverde (C/ Francisco Bordón Méndez 1 | Villaverde)*. Ihre Gäste schlafen in rustikalen Zimmern in einem Bauernhaus aus dem 19. Jh. Die *Casa Tamasite (C/ Tamasite 9 | Tuineje)* ist mit alten Holzdecken und Antiquitäten ausgestattet. In der *Casa de la Burra (Puerto del Rosario) (Foto)* aus dem 14. Jh. wurden früher Tiere gehalten. Mittlerweile ist moderne Technik in Form einer Solar- und Wasseraufbereitungsanlage in die Finca eingezogen, ohne dass der Charme des Hotels zerstört wurde. Manche der Häuser sind so naturnah, dass sie explizit „Ferien auf dem Bauernhof" anbieten können. Mehr zu den Landhotels unter *www.toprural.de*.

4

Neuer Volkssport

5

Pádel Paddeltennis, beziehungsweise *Pádel,* wird ähnlich wie Tennis gespielt. In Spanien ist der Sport sehr populär. Auch Fuerteventura folgt dem Trend mit den kleineren Schlägern und langsameren Bällen, es werden regelmäßig Wettkämpfe ausgetragen, auch unter den kanarischen Inseln – und einmal hat dieses Turnier auch schon auf Fuerteventura stattgefunden. In Pájara zeigt Diego di Noto von der *Academia de tenis y pádel Drop Shot (www.dropshotfuerteventura.com)* Anfängern, wie sie zu Profis werden. Spielen kann man auch in manchen Hotels. Als unabhängiger Anbieter bekannt ist der *Corralejo Padel Club* an der Calle Huriamen beim *Acua Water Park*. Mehr dazu erfährt man auf deren Facebook-Seiten.

FAKTEN, MENSCHEN & NEWS

BARRANCOS

Wenn im Winter die wenigen Regengüsse auf die Insel niedergehen, gräbt sich die zu Tal rauschende Flut tiefe Rinnen in die Hänge: die Barrancos. Sie können sich zu Tälern ausweiten oder Schluchten bilden. Sehenswert sind die schluchtartigen Barrancos de Esquinzo, de los Molinos und de las Peñitas an der West- und der Barranco de la Torre an der Ostküste.

BEVÖLKERUNG

Fuerteventura ist die am dünnsten besiedelte der kanarischen Inseln. Noch um 1940 lebten hier keine 14 000 Menschen. Viel mehr ließen das karge Land und die geringen Süßwasservorräte nicht zu. Erst mit der Entwicklung des Touris-

mus und dem Bau von Meerwasserentsalzungsanlagen wuchs die Bevölkerungszahl an; sie liegt heute bei knapp über 100 000. Davon wohnt mehr als ein Drittel in der Hauptstadt. Die alteingesessenen Insulaner, die *majoreros,* erreichen noch nicht einmal diesen Anteil; die meisten Inselbewohner kommen heute vom spanischen Festland oder von den anderen kanarischen Inseln. Die Majoreros wiederum stammen von mindestens drei verschiedenen Völkern ab. Das sind einmal die Spanier, zu deren Reich die Kanaren seit dem 15. Jh. gehören, dann die Normannen, von denen der Eroberer Jean de Béthencourt einige Landsleute hier ansiedelte, und schließlich die Altkanarier, die hier schon lebten, ehe Spanier und Normannen sie unterwarfen.

Allerlei Wissenswertes über Land und Leute, Flora und Fauna, Naturschutz und Energiegewinnung auf der Kanareninsel

FAUNA

Nur wenige Vierfüßer sind auf der Insel beheimatet oder werden als Nutzvieh gehalten. Am auffälligsten sind die streunenden Katzen und die kleinen Ziegenherden, die ungehütet übers Land ziehen. Dromedare, einst wichtig als Reit- und Zugtiere, fungieren heute nur noch als Touristenattraktion. Unter den Wildtieren sind besonders Eidechsen zu nennen, auch Wildkaninchen und Igel sind häufig. Zutraulich zeigen sich zuweilen die Erdhörnchen. Es gibt sie auf der In-

sel erst seit 1972, als ein Minenarbeiter ein Pärchen aus der Sahara mitbrachte, das ihm entkam.

Vielfältig ist die Vogelwelt. Raben und die weißen Schmutzgeier leben von Aas, ebenso viele Möwen. Bussarde gehen auf Jagd nach Kleingetier. An ruhigen Stränden fallen die drolligen Sanderlinge auf, die eilig trippelnd im Ufersaum nach Nahrung stochern. In den Tälern des Westens ist der Wiedehopf zu Hause und in den Dünen im Inselnorden die seltene Kragentrappe. Ist ein Jahr mal etwas regenreicher, vermehren sich die Rebhühner stark. Die unscheinbare Wildform des Kanarienvogels trifft man an natürlichen Gewässern.

Das Meer um die Kanarischen Inseln ist sehr fischreich. Vor der Küste leben u. a. verschiedene Barscharten, Makrelen, Schollen, Muränen, Nagelrochen, Grund- und Blauhaie, Seezungen, Schlangensterne, Schwert-, Tinten- und Thunfische.

Der braune Zackenbarsch in seinem Element

Sehr unangenehme Bekanntschaft kann man mit den Blasenquallen machen, die im Frühjahr besonders im Westen und Süden in Strandnähe kommen. Der Kontakt mit ihren langen Nesselfäden führt zu Hautverbrennungen und Lähmungserscheinungen.

FLORA

Typisch für den Halbwüstencharakter der Insel ist die Kleinstrauchvegetation aus gelb blühendem Dornlattich und anderem Buschwerk. An die Trockenheit angepasst sind auch die rosettenartig wachsenden Fettpflanzen, die Euphorbi-

ensträucher, die wie Kakteen aussehenden Säuleneuphorbien sowie die aus Mittelamerika stammenden Agaven, die zur Sisalgewinnung dienten. Aus Amerika eingeführt wurde auch der Feigenkaktus (Opuntie). Dieser ist Wirtspflanze der Cochenille-Schildlaus, aus der roter Farbstoff gewonnen wird. Seit der Entwicklung von Chemiefarben hat die Cochenillezucht jedoch fast aufgehört. In den Oasen wächst als einziger einheimischer Schattenspender die Kanarische Palme. In ganzjährig Wasser führenden Barrancos wachsen Tamariskenhaine. Mimosensträucher verkünden mit ihren gelben Blüten im Februar das Nahen des Frühlings.

In der Landwirtschaft spielt der Tomaten- und Aloe-vera-Anbau die Hauptrolle, während der Anbau von Getreide, Kartoffeln und Gemüse stark zurückgegangen ist. Neuerdings wird untersucht, ob sich der heimische Sandtrüffel nicht in größerem Maßstab ackerbaulich nutzen lässt. Der komplett unterirdisch wachsende Pilz lebt in Symbiose mit dem gelb blühenden kanarischen Sonnenröschen, bildet seine Trüffelknollen aber nur nach den winterlichen Regenfällen.

GEOGRAFIE UND GEOLOGIE

Mit einer Fläche von 1700 km^2 – etwa das Doppelte von Berlin – ist Fuerteventura die zweitgrößte der Kanarischen Inseln. Sie liegt Afrika näher als alle anderen Inseln des Archipels (kürzeste Entfernung rund 95 km). Auf der gleichen geografischen Breite befinden sich auch Delhi und Mittel-Florida. Fuerteventura ist gut 98 km lang (Luftlinie zwischen dem Nordkap Punta de la Tiñota und dem Südwestkap Punta de Jandía). Geografisch gliedert sie sich in den Inselkörper Maxorata (nach ihm nennt man die alteingesessenen Insulaner *majoreros*) sowie in die Halbinsel Jandía im Süden. Fuerteventura ist die älteste der Kanarischen Inseln und in ihrem Grundstock durch Hebung des Meeresbodens entstanden. Der größte Teil bildete sich vor 12–22 Mio. Jahren. Daher ist sie auch stärker als die jüngeren Inseln durch Erosion abgeflacht. Der Vulkanismus kam später. Er erlosch vor etwa 4000 Jahren. Während die dunklen Sand- und Kiesstrände aus zermahlenem Lavagestein bestehen, sind die weißen bis goldgelben Sandstrände und Dünen aus Kalkablagerungen von Meerestieren in Inselnähe entstanden. Es handelt sich nicht um herangewehten Saharasand, wie oft behauptet wird.

KLIMA

Dass die Insel das ganze Jahr über ein nahezu gleichbleibend angenehmes Klima bietet, liegt am Meer und am Passat. Das Meer nivelliert die Temperaturunterschiede, das System der Passatwinde hält meist sowohl Regen bringende als auch trocken-heiße Luftmassen fern. So ist hier in der Regel ein ganz anderes Wetter als in der nahen Sahara. Nur die Trockenheit ist die Gleiche, im Unterschied zu den westlichen Schwesterinseln Gran Canaria oder Teneriffa, wo sich die Feuchtigkeit des Passats an hohen Bergen niederschlägt.

Auch auf Fuerteventura kann das Wetter launisch sein. Winterliche Regenfälle entstehen, wenn sich das Passatsystem mit der Sonne so weit nach Süden verschiebt, dass sich von Norden und Westen her Tiefdruckgebiete auswirken. Dann kann es unangenehm kühle Tage geben. Ein anderes Mal, wenn heiße, staubige Saharawinde (Schirokko) über die Insel hereinbrechen, steigt die Temperatur sprunghaft um 10 Grad oder mehr. Der Passat weht im Sommer am stärksten und kann durch den aufge-

wirbelten Sand besonders für Kleinkinder das Strandvergnügen erheblich beeinträchtigen.

LUCHA CANARIA

Beim kanarischen Ringkampf, der schon zu vorspanischer Zeit gepflegt wurde, treten die Kontrahenten *(luchadores)* aus zwei 12er-Mannschaften einzeln gegeneinander an. Gekämpft wird über maximal drei Runden à 3 Min.; Verlierer ist, wer zweimal mit einem anderen Körperteil als den Füßen den Boden berührt hat. Der Kampfplatz von ca. 10 m Durchmesser ist mit Sand oder Sägemehl bedeckt. Viele Orte verfügen über eigene Arenen; Turniere gehören zu allen festlichen Anlässen. Die wahren Meister, die alle 43 möglichen Griffe beherrschen, sind Berühmtheiten wie andernorts die Fußballstars.

MÜHLEN

Alle gemauerten Mühlen sind Getreidemühlen. Die Flügel, vier oder sechs, wurden mit Segeltuch bespannt. Obwohl der Wind meist aus nur einer Richtung weht, besitzen die Mühlen eine drehbare Kappe mit einem rückwärtig hervorstehenden Balken, mit dem die Flügel ausgerichtet werden können. Gemahlen wurde auch von Hand oder mit Göpeln, vor die Esel oder Dromedare gespannt wurden.

NATURSCHUTZ

Das Ökosystem einer so von Trockenheit geprägten Region reagiert auf menschliche Einflüsse überaus sensibel und nachhaltig. Zum einen wachsen die Pflanzen wegen der Dürre sehr langsam, zum zweiten macht es der harte Boden Pflanzen schwer, sich anzusiedeln.

Schon seit Jahrhunderten übersteigt der Grundwasserverbrauch den Nachschub durch Niederschläge. Der dadurch stetig sinkende Grundwasserspiegel verstärkt naturgemäß die Wüstenbildung. Eine dramatische Verschärfung der ökologischen Belastung brachten der intensive Tomatenanbau mit seinem hohen Wasserbedarf und der Fremdenverkehr. Die größten Schäden am Pflanzenbewuchs verursachen jedoch die Ziegen, von denen es auf der Insel viel mehr gibt, als ökologisch verträglich wäre.

Der erste Naturpark der Insel wurde 1982 eingerichtet. Er umfasst die Wanderdünen bei Corralejo sowie die Insel Lobos. Inzwischen wurde ein großes Gebiet um Betancuria unter Schutz gestellt und fast die gesamte Halbinsel Jandía als Naturpark ausgewiesen. Hier sind nun auch größere Teile eingezäunt, um Ziegen und Geländefahrzeuge fernzuhalten. Insgesamt allerdings sind die Schutzmaßnahmen nur halbherzig; vieles steht nur auf dem Papier. Vor allem gegen querfeldein fahrende Geländewagen wird heute in den Naturschutzgebieten jedoch streng durchgegriffen.

2009 erklärte die Unesco ganz Fuerteventura samt der umliegenden Meereszone zum Biosphärenreservat – eine Auszeichnung, auf die man zu Recht stolz ist. Einen sichtbaren Ausdruck gewannen die Umweltschutzbemühungen in den erfolgreichen Versuchen, die sogenannte unechte Karettschildkröte, die hier einst heimisch war, wieder anzusiedeln. Ihre Eier, im Strand vergraben, werden von der Sonne ausgebrütet.

WASSER

Der Wassermangel ist groß. Es regnet viel zu wenig, und von dem, was kommt, rauschen acht Zehntel ungenutzt ins Meer. Schon vor Einführung der Windräder (die bereits seit dem 19. Jh. aus den USA importiert werden), als der Grundwasserspiegel noch nicht so weit abgesunken war, nötigte der Mangel zu Klugheit im Umgang mit dem kostbaren Nass. Daher terrassierte man die Felder und legte Auffang- und Absetzbecken an den Hängen sowie häusliche Zisternen an. Für die Nutzung als Trinkwasser musste das Zisternenwasser allerdings noch aufbereitet werden; Sickerbecken aus Kalksandstein sind in einigen Museen zu sehen. Grundwasser förderte (und fördert) man aus gemauerten Brunnen *(pozos)*, entweder mit Windkraft oder durch Tiere am Göpel. Auch dieses Wasser wird in gedeckten Bassins gespeichert. Es ist meist nur als Brauchwasser (zur Bewässerung von Feldern) oder für die Tiertränke verwendbar. Der heutige, durch den Tourismus nicht unerhebliche Wasserbedarf kann nur mit Meerwasserentsalzungsanlagen gedeckt werden. Nicht alle Häuser sind ans Leitungsnetz angeschlossen. Viele erhalten ihr Trinkwasser noch von Tankwagen angeliefert.

WIND- UND SONNENENERGIE

Das Potenzial, dass die Insel bei diesen beiden regenerativen Energieformen besitzt, ist gewaltig, wird einstweilen aber noch längst nicht ausgeschöpft. Noch am weitesten fortgeschritten ist die Nutzung des beständigen Passatwinds; der Windkraftpark im Norden der Halbinsel Jandía bezeugt dies ebenso wie die Tatsache, dass die gesamte Meerwasserentsalzung für Corralejo und den Inselnorden ausschließlich mit Windenergie betrieben wird. Die Erwärmung von Brauchwasser durch Sonnenenergie begann spät, nimmt aber nun kontinuierlich zu. Gleiches gilt für die Solarstromerzeugung. 2009 war Baubeginn für eine 1,4-Megawatt-Anlage. Noch dämpft eine schleppend arbeitende Bürokratie das Innovationstempo bei den erneuerbaren Energien, aber die Richtung ist klar, das Potenzial verlockend.

WINTER, GUSTAV

Keine Person auf den Kanarischen Inseln und schon gar keine des 20. Jhs. hat je solchen Anlass zur Legendenbildung gegeben wie der einstige Herr der Halbinsel Jandía und Eigentümer der geheimnisvollen Villa Winter. Gustav Winter, geboren 1893 im Schwarzwald, gestorben 1971 in Las Palmas, kam 1926 als Ingenieur nach Gran Canaria und baute dort die Stromversorgung nen landwirtschaftlichen Betrieb (vor allem Tomatenanbau und Viehzucht) verwandelte und die Einwohner fast wie Leibeigene behandelte. In der abgelegenen Villa Winter bei Cofete hat Winter selbst übrigens nie gewohnt.

WIRTSCHAFT

Einst galt Fuerteventura als die Kornkammer der Kanaren. Heute liegen die meisten Felder brach. Auch die Zie-

Typisch kanarisches Gehöft: weiße Kubusbauten mit Windrad

aus. 1937 pachtete er die gesamte Halbinsel Jandía. Es gibt Indizien, dass dies mit dem Wunsch des Deutschen Reichs zusammenhing, im Rahmen des sogenannten Etappendienstes auf den Kanaren einen Marinestützpunkt mit einem Flughafen einzurichten. Dazu kam es jedoch nicht mehr, vor allem weil General Franco Spanien im Zweiten Weltkrieg Neutralität verordnete. Winter hielt sich damals auch nicht mehr auf den Kanaren auf. Die eigentliche Ära Winter begann erst nach 1946, als er die Halbinsel in einen genhaltung ist nur noch wenig rentabel. Gefischt wird nur mit kleinen Booten für den Konsum auf der Insel selbst. Einzig die Tomatenpflanzungen, der Aloe-vera-Anbau im Süden und die Produktion von Meersalz besitzen noch wirtschaftliche Bedeutung. Der Tourismus auf Fuerteventura entwickelte sich relativ spät. Noch 1968 waren nur 1400 ausländische Gäste gekommen, heute sind es über 1,5 Mio. im Jahr. Fast die gesamte Inselwirtschaft ist mittlerweile davon abhängig.

ESSEN & TRINKEN

Schon zu Zeiten, als die Insel noch als Kornkammer der Kanaren galt, lebten die Menschen hier nicht eben im Schlaraffenland. Heute liegt das meiste Agrarland brach. Auf der Insel angebautes Gemüse (nicht nur Tomaten) ist inzwischen jedoch wieder „in".

Dank des EU-Agrarmarkts ist das Speisenangebot zudem größer denn je – und ziemlich international. Wer Spanisches liebt, erhält *Paella oder die beliebten Tapas*, Appetithappen wie Bohnensalat, Sardinen oder marinierte Muscheln, die an der Theke von Kneipenlokalen in Schalen bereitstehen. In allen Ferienzentren findet man ein Pizza- und Pastaangebot, auch Wiener Schnitzel, Bratwurst oder – für die Briten – *fish and chips* sind zu haben. Zudem gibt es in allen Touris-

tenorten mittlerweile chinesische und vereinzelt griechische, mexikanische und indische Restaurants. Das Beste aber, was Sie tun können, ist kanarisch zu speisen. Kartoffeln und Tomaten sind schließlich nicht das Einzige, was die Insel bietet. Vor allem wird der Speisezettel mit frisch gefangenem Fisch bereichert. Wer sich an die *einheimische Küche* hält, bekommt frische Zutaten, und das Preis-Leistungs-Verhältnis stimmt. Die kanarische Küche, so schlicht sie ist, bietet doch einige herzhafte Gaumenfreuden, ohne dabei allzu fremdartig zu sein. Voraussetzung: Sie mögen Knoblauch. Der wird nämlich gern und reichlich verwendet. Typisch und köstlich ist die Kombination aus frischem *Fisch, Runzelkartoffeln (papas arrugadas)* und *mojo*-Soße; meist

Außer den Schätzen des Meeres hält die eher schlichte Inselküche noch ein paar Überraschungen bereit

kommt noch ein kleiner Salat aus Tomaten und Zwiebeln dazu. Spitzenreiter im Frischfischangebot ist die *vieja*, die zur Spezies der Papageienfische gerechnet wird. *Vieja* ist jedoch oft nur in den besseren Fischlokalen der Hafenorte zu haben. Noch feiner (und seltener) ist frischer Zackenbarsch *(mero)*. Viel häufiger kommt man an frischen Thunfisch *(atún)* oder Tintenfisch *(calamares)*. Wer dagegen Seezunge *(lenguado)*, Lachs *(salmón)* oder Langusten *(langostas)* ordert, muss mit importierter Kühlware rechnen. Zum

Fisch werden meist *papas arrugadas* gereicht, die mit ***mojo-Soße***, aber auch für sich allein herrlich schmecken. Apropos *mojo*-Soße: Zu deren Zutaten gehören Knoblauch, Paprika, Salz, Essig und Öl; abgeschmeckt mit diversen Kräutern, erhält man die rote Variante *(mojo rojo)*. Scharfer roter Chili macht *mojo picón* daraus. Wird statt Paprika und Chili Petersilie und frischer Koriander verwendet, entsteht grüne *mojo*-Soße *(mojo verde)*, die sehr gut zu den feineren Fischsorten passt.

SPEZIALITÄTEN

cabra/cabrito – Ziegenfleisch bzw. Zicklein. Letzteres ist ein Saisongericht, Ziegenfleisch (Foto re.) dagegen gibt es das ganze Jahr über. Zicklein muss manchmal vorbestellt werden.

cerveza – Bier; empfehlenswert sind die auf den Kanaren gebrauten süffigen Sorten „Tropical" und „Dorada".

gallo – Fisch, der nicht oft auf der Karte steht. Gallo ist leicht zu filetieren und hat nur wenige, große Gräten. Das Besondere ist das feste Fleisch, das ein wenig an Huhn erinnert.

langostinos – Riesengarnelen, deren Verzehr nur unter Zuhilfenahme der Finger zu bewältigen ist. Sie werden gegrillt serviert und zählen preislich zu den Spitzenreitern auf der Karte.

papas arrugadas – Die typisch kanarischen Runzelkartoffeln sind klein und werden mit Schale in Salzwasser gekocht, bis das Wasser verdunstet ist. Gewöhnlich werden sie zu Fischgerichten gereicht, oft stehen sie aber auch unter „Vorspeisen" gesondert auf der Karte. Stets kommt zu den Kartoffeln, die mit Schale verzehrt werden, eine Schale mit roter *mojo* auf den Tisch (Foto li.).

puchero canario – Gemüseeintopf, in dem sich alles vereinen lässt, was Garten oder Supermarkt gerade hergeben; Kürbis sorgt für die Sämigkeit. *Pucheros* werden mit einem Stück Fleisch geschmurgelt; die besten bekommt man in Familiengaststätten auf dem Land.

ron miel – „Honigrum", eignet sich als Schmankerl nach einem guten Mahl: ein Schnapsglas Rum mit Honig, zuweilen mit Sahnehäubchen verziert.

sancocho – Fischgericht, das mit Kartoffeln, Süßkartoffeln, Zwiebeln und geräuchertem Ziegenkäse zubereitet wird.

sopa de pescado – Fischsuppe, die möglichst viele verschiedene Fisch- und Meeresfrüchtesorten enthalten sollte – welche genau, hängt jeweils vom Tagesfang ab – und die als Vorspeise serviert wird.

tapas – Nicht wirklich eine kanarische Erfindung, aber echt spanisch sind diese Appetithappen, von denen man meist mehrere bestellt, z. B. *albóndigas* (Fleischklößchen), *patatas bravas* (Kartoffelwürfel frittiert), *pimientos de Padrón* (Paprikaschoten in grobkörnigem Salz), *mejillones* (Miesmuscheln), *pulpo* (Tintenfisch) oder *tortilla* (Kartoffelomelett). Wer allein speist, wird oft schon zwei Portionen *tapas* genügend sättigend finden.

Typisch kanarische Fischgerichte sind der *sancocho* (Fisch mit Kartoffeln und Ziegenkäse) und die *sopa de pescado* (Fischsuppe). Das Fleischangebot beschränkt sich zumeist auf Zicklein *(cabrito)*, Hammel *(carnero)* und Kaninchen *(conejo)*, zur Jagdsaison gibt es auch Wildkaninchen *(conejo salvaje)*.

Eine Delikatesse ist *Ziegenkäse (queso de cabras)*, besonders als Vorspeise; mit Tomaten, Salami oder Schinken ergibt er ein leichtes Mittagessen. Ziegenkäse von der Insel heimst immer wieder Medaillen ein; auch wenn die Herstellung heute überwiegend nicht mehr von Hand erfolgt, sind Form und Beschaffenheit des Produkts noch traditionell geblieben. Erhältlich sind verschiedene Reifestufen, die unterschiedlich würzig, aber alle schnittfest sind. Die festesten und am längsten gelagerten tragen das Attribut „curado".

Leider ist das typischste aller Inselgerichte in Lokalen kaum mehr zu haben: *gofio*. Seit der Zeit der Ureinwohner war dies das Grundnahrungsmittel auf den Kanaren, ein Zeugnis für die Armut der Bauern, bildete doch dieser Brei, vielleicht mit etwas Gemüse oder Ziegenmilch, über Monate das einzige Nahrungsmittel. *Gofio* entsteht, indem man Getreide (meist Gerste) röstet, mahlt und das Mehl zu Brei verarbeitet.

Wein kommt meist vom spanischen Festland und ist fast immer trocken. Auch bei Sekt *(cava)* und Kognak herrschen spanische Marken vor. Mineralwasser wird fast immer nur flaschenweise serviert, entweder *con gas* oder *sin gas* – mit oder ohne Kohlensäure. Zum Abschluss eines guten Essens gehört ein Espresso, ein *café solo*. Man kann aber auch einen *café con leche* (mit viel Milch) oder einen *cortado* (mit wenig Milch) ordern.

Die Unterschiede bei den *Restaurants* sind gering. Eine nicht ganz billige Mit-

Handarbeit: Herstellung von Ziegenkäse

telklasse beherrscht das Feld. Vegetarisches bieten nur die Italiener, die Asiaten und ein paar Spitzenlokale. Alle Lokale, in denen auch nur gelegentlich Touristen verkehren, verfügen über deutsche Speisekarten, auch wenn die Kellner kein Deutsch sprechen. Im Preis ist Bedienung zwar eingeschlossen, doch sollte man aufmerksamen Service mit 5–10 Prozent des Rechnungsbetrags zusätzlich honorieren. Zahlen Sie als Gruppe nicht getrennt, sondern rechnen Sie die Beträge, falls nötig, selbst auseinander.

Gegessen wird auf den Kanaren, wie überall in Spanien, mittags und abends etwas später als in Deutschland. Mit dem Mittagessen *(almuerzo)* wird 13–15, mit dem Abendessen *(cena)* 20–22.30 Uhr begonnen. In den großen Ferienzentren und Hotels sowie in den Klubanlagen gelten allerdings *mitteleuropäische Essenszeiten*.

EINKAUFEN

Die Kanaren sind Freihandelszone, allerdings merkt man davon nur wenig, da die Waren keineswegs gänzlich zollfrei und die Transport- und Lagerkosten hoch sind. So zahlt man denn für manche Waren sogar mehr als in Mitteleuropa. Besonders billig sind immer noch Tabak und Alkohol. Bei allen teuren Produkten sind Preisvergleiche mit der Heimat unerlässlich!

ALOE VERA/KOSMETIK

Rund um die altbekannte, auch als Wüstenlilie bezeichnete Heilpflanze ist auf der Insel eine Industrie mit großen Plantagen entstanden. Aloe-vera-Produkte gibt es als Wundsalbe, vor allem aber als Naturkosmetik. Erhältlich sind sie fast überall. Aber Achtung: Die Ware ist verderblich – nicht auf Vorrat kaufen! Markenkosmetik ist auf der Insel meist etwas günstiger zu haben als daheim.

KUNSTHANDWERK

Obenan stehen Durchbruchstickereien, deren Entstehung Sie in der Stickereischule in Lajares oder in der *Casa Santa María* in Betancuria verfolgen können. Die Tischdecken oder Schürzen sind im Stil eigenständig, inseltypisch und erschwinglich. Sehr schlicht ist die mittel- bis dunkelbraune Keramik der Insel. Daneben finden Sie auch weiße oder bunte, vom Festland importierte Keramik. Ein dekoratives Zeugnis alter Handwerkskunst stellen Flechtarbeiten aus Palmblättern dar. Im Freilichtmuseum *La Alcogida* sowie am Zentrum *Museo del queso majorero* gibt es auch hübsche Metall- und Holzobjekte sowie handgefertigte Postkarten.

LEBENSMITTEL

Produkte der Landwirtschaft können nach der Heimkehr den Speiseplan bereichern und den Urlaub in Erinnerung rufen: Sehr beliebt sind Kaktusmarmelade und Ziegenkäse; Letzteren gibt es in vier Reifestufen, wobei der *curado* der festeste ist. Rötlicher Käse ist mit Paprika eingerieben. Man kann sich ohne weiteres einen der kleinen, runden *Queso-de-cabra*-Laibe mitnehmen, denn er hält sich länger, als man brauchen wird, ihn aufzuessen. Auch schmackhafte Fertig-Mojo ist in vielen Läden zu haben. Safran, der in der hiesigen Küche großzügig verwendet wird, lohnt vor allem wegen des Preisvorteils.

**Durchbruchstickereien, Flechtwerk aus Palm-
blättern sowie Naturkosmetika aus Aloe vera
sind ebenso typisch wie erschwinglich**

LEDER & SCHUHE

Mittelpreisige Handtaschen, Gürtel, Rei-
setaschen, Geldbörsen, Rucksäcke aus
Leder werden in der Regel aus Marokko
importiert. Besonders interessant ist das
reiche Angebot an spanischen Schuhen,
die traditionell sehr schick und nicht sehr
teuer sind.

SPIRITUOSEN

Marken vom spanischen Festland sind
am stärksten vertreten. Gut und preis-
günstig ist spanischer Kognak. Kunst-
handwerksläden führen meist auch kanarischen Kaktuslikör und Rum mit
Honig, *ron miel*.

TABAKWAREN

Bei Tabakwaren beschränkt sich das Sortiment auf Zigaretten der bekannten
Marken sowie auf *Palmeros,* kleine Zigarren, die auf La Palma gedreht werden. In

Corralejo und in Morro Jable finden Sie
auch gute kubanische Ware.

WOCHENMÄRKTE

Die vorwiegend afrikanischen Märkte,
die reihum in Morro Jable, Costa Calma,
Caleta de Fustes und Corralejo Station
machen, sind beliebt für Sonnenbrillen,
Taschen, Gürtel, T-Shirts, Latschen und
Ähnliches sowie für afrikanische Schnit-
zereien. Scheuen Sie sich nicht zu feil-
schen! Und kaufen Sie keine Marken-
imitate – die bringen Sie zu Hause mit
dem Gesetz in Konflikt! Als besondere Ur-
laubserinnerung können sich die Damen
Rastafrisuren mit eingeflochtenen bunten Strähnen und Perlen auf den Kopf
zaubern lassen. Besondere Erwähnung
verdient der 🌐 Bauernmarkt *La Biosfe-
ra* mit Produkten direkt vom Erzeuger *(Sa
9–14 Uhr | im Obergeschoss des Busbahn-
hofs von Puerto del Rosario).* Ein ähnlicher 🌐 Bauernmarkt findet sonntags
9–14 Uhr am *Oasis Park* in La Lajita statt.

DER NORDEN

Auch beim zehnten Besuch auf der Insel ist es noch ein Erlebnis, der erste Blick auf das Dünengebiet von El Jable. Plötzlich eröffnet sich eine weiße Traumwelt: Berge und Täler aus scheinbar fließendem Sand, so weit das Auge reicht. Dies ist wohl der intensivste Landschaftseindruck auf der ganzen Insel.

Auch anderswo hält der Norden Ungewöhnliches bereit. Reihenweise ragen erloschene Vulkankegel auf, manche von schöner Symmetrie. Schwarze Lavabrocken bedecken große, menschenleere Areale. Weiter südlich dominiert Rostrot in der Landschaft; bei tief stehender Sonne leuchtet der Boden intensiv. Von den drei größten Orten ist nur Corralejo touristisch geprägt. La Oliva zählt zu den fünf historischen Hauptorten, von hier aus wird außer Corralejo auch das vom Fremdenverkehr weniger stark erfasste Cotillo verwaltet. Puerto del Rosario ist die untouristische (und als Besuchsziel unterschätzte) Inselhauptstadt.

CORRALEJO

KARTE AUF S. 36

(127 E1) (*M* G2) Der Haupttouristenmagnet im Norden verdankt seine Attraktivität dem 20 km² großen Dünengebiet El Jable an seinem Südrand, das nahtlos in den Strand übergeht.

Ein „Dorf", wie es manche Prospekte noch nennen, ist *Corralejo* längst nicht mehr, dafür bunt, vielfältig und international wie kein zweiter Ort der Insel.

Bild: Dünenlandschaft im Naturpark Corralejo

Reizvolle Kontraste nordwestlich der Inselhauptstadt Puerto del Rosario: weißer Sand und schwarze Lava

Die Stadt besteht aus einem dicht bebauten, von Spaniern bewohnten Kern und einem breiten Gürtel aus Hotel- und Apartmentanlagen im Süden und Osten. Eine Siedlung besteht hier erst seit dem 19. Jh. Noch 1940 bestand das Fischerdorf aus ganzen zwölf Häusern. Als 1967 die ersten Ferienapartments entstanden, gab es im Ort weder Strom noch Wasserleitungen. Dies änderte sich erst in den 1970er-Jahren. Dann setzte, verstärkt ab 1980, der große Bauboom ein. Die Hauptstraße und die Fußgängerzo-

ne bilden mit ihren Läden und Gaststätten einen urbanen Mittelpunkt, in dem abends zünftiger Ferientrubel herrscht. Mehr spontan als geplant hat sich am Wasser eine Promenade herausgebildet, an der man essen und trinken kann. Statuen an der Mole ehren die Seeleute von Corralejo, die sich in schwierigen Zeiten um die Entwicklung des Ortes verdient gemacht haben.

Neben den Playas de Sotavento im Süden sind die ★ ● *Wanderdünen El Jable* das größte Glanzlicht der Insel. Diese

Am Strand von Corralejo

größte Sündenfall war der Bau der zwei Großhotels *Tres Islas* und *Oliva Beach* an der besten Stelle des Dünengebiets. Obwohl sie, wie letztinstanzlich festgestellt, auf öffentlichem Grund illegal errichtet wurden, konnte die Eigentümerin, die Hotelkette Ríu, 2008 Lizenzen zum weiteren Betrieb erwirken: für das *Oliva Beach* auf zehn, für das *Tres Islas* auf 30 Jahre. Erst danach sollen die Häuser, die das natürliche Gleichgewicht der Dünenlandschaft und damit sogar deren Bestand gefährden, abgerissen werden. Ein Fortschritt ist immerhin, dass die durch das Dünengebiet geführte Landstraße geschlossen werden soll. Hier kann der Sand den Asphalt dann zurückerobern. Beachten Sie, dass das Fahren in den Dünen streng bestraft wird.

ESSEN & TRINKEN

Nirgends sonst auf der Insel gibt es so viele Gaststätten mit Seeblick wie an der schmalen Fußgängerpromenade mit dem grandiosen Namen Avenida Marítima. Einen traditionell guten Ruf genießt das *Marquesina (€€)* an der kleinen Mole. Sein Meeresfrüchte-Crêpe verdient besondere Erwähnung. Frischen Fisch kann man hier an einer Kühltheke auswählen; das halten auch andere Lokale in der Nachbarschaft so. Die Qualitäts- und Preisunterschiede sind gering, einen sehr persönlichen Service sollte man aber nicht erwarten. Nordwärts (Richtung Hafen) gelangt man zum *El Sombrero (Mi geschl. | €€)*, dessen Spezialität Fleischgerichte sind. Sein von Buntvieh bevölkertes Interieur ist eine Sehenswürdigkeit für sich. Sein Nachbar, *El Anzuelo (Tel. 9 28 53 66 26 | €€)*, das feinste und meistgelobte Fischlokal der Stadt, überzeugt mit Küche, Service und Ambiente (Meerblick durch Glaswände). Die besten Tapas serviert nahebei *Ta-*

vom Nordostpassat unablässig in Bewegung gehaltenen weißen Sandberge bilden mit ihren von typischer Flora begrünten Tälern und seltenen Tieren ein kostbares Ökosystem. Seit 1982 steht es unter Naturschutz, doch da war ein Teil seines Nordsaums schon bebaut. Die Verlockung, durch Baugenehmigungen am Rande der Dünen die Gemeindekasse zu füllen, war für die Gemeindeväter von La Oliva, zu deren Sprengel Corralejo gehört, lange Zeit unwiderstehlich. Der

pas Oscar (Di geschl. | C/ Iglesia s.n. | Tel. 9 28 86 63 88 | €€). Ignorieren Sie den wenig eleganten Namen und wählen Sie für eine breitere Auswahl die halben Portionen (media ración). Nahebei gibt's die beste Pizzeria der Stadt: Big Wave (nur abends | C/ Jesús Machín Santana 8). Spezialität: die Ein-Meter-Pizza!

Echt urlaubsmäßig speist man mit den Füßen im Sand. Wer die Promenade übers Südende hinausgeht, gelangt zu einigen Lokalen, die dieses Vergnügen bieten. Schon eine Institution ist das vielseitige Waikiki, das auch Frühstück serviert. Die Galera Beach Bar Sunset, 150 m weiter, hat das schönste Panorama. Abseits vom Strand bekommen Sie im Ambaradam (Sa geschl. | CC Cactus, am Anfang der Av. de las Grandes Playas) seit Jahren ab 8 Uhr den besten Kaffee der Stadt, ferner Crêpes, belegte Brote und diverses Gebäck. Köstliches Speiseeis hat Secreto del Sur (Av. Nuestra Señora del Carmen | Duna Park, local 3), dazu Müsli, Croissants, Kuchen und einiges mehr.

EL ANDALUZ
Manolo und seine österreichische Frau Birgit haben Corralejo das feinste Lokal für Genießer geschenkt. Es ist winzig, daher gilt: Zeitig reservieren! Nur abends | So/Mo geschl. | C/ La Ballena 5 | Tel. 6 76 70 58 78 | €€

MESÓN LAS TEJAS
Das Lokal für den großen Fisch- und Fleischhunger! Weil's obendrein noch richtig gut schmeckt, wird's auch schnell sehr voll. Mi geschl. | C/ Aristides Hernandez Morán 2 | nahe Waikiki | Tel. 6 76 31 01 94 | €

LA SCARPETTA
Der beste Italiener am Ort. Wählen Sie aus den Tagesangeboten, und versäumen Sie keinesfalls den exzellenten Es-

presso! So geschl. | C/ Anzuelo | CC La Menara (mit dem Glockenturm) | Tel. 9 28 53 58 87 | €€–€€€

EINKAUFEN

An der Hauptstraße gibt es beinahe alles, aber die Preise sind eher hoch. Bei Dany Sport (Av. Nuestra Señora del Carmen 42), dem größten Sportgeschäft am Ort, finden Sie u. a. Wander- und Campingausrüstung, Schwimm- und Sportkleidung sowie Rollschuhe.

La Tienda (C/ José Segura Torres 3), INSIDER TIPP das beste Tabakgeschäft der Insel, hat nicht nur feine Havanna-Zigarren, sondern auch exquisiten Alkohol. Die Galerie La Fuentita (am Beginn der Fußgängerzone) führt das beste Kunst- und Kunsthandwerkssortiment am Ort. Ein besonderer Laden ist INSIDER TIPP Blanc du Nil (Av. Nuestra Señora del Carmen 62). Er verkauft ausschließlich gut verarbeitete Kleidung aus weißer ägyptischer Baumwolle in vielerlei Schnitten und Webarten. Ein Spezialist für Surfaus-

★ **Wanderdünen El Jable**
So weit das Auge reicht endloser, weißer Sand – haushohe Dünenberge und Täler, die ständig in Bewegung sind
→ S. 33

★ **Isla de los Lobos**
Das schwarze Lavainselchen vor Corralejo steht unter Naturschutz → S. 40

★ **Ecomuseo de la Alcogida**
Wie die Insulaner früher lebten und arbeiteten, erfährt man anschaulich in diesem Freilichtmuseum bei Tefia → S. 53, 108

MARCO POLO HIGHLIGHTS

rüstung ist *Little Paradise (C/ Lepanto 5)*. Dienstags und freitags findet ein – vorwiegend afrikanischer – *Flohmarkt (9–13 Uhr | an der Hauptstraße, am Acua Water Park)* statt: Gürtel, Billigarmbanduhren, Schmuck, Schnitzereien, T-Shirts, Badetücher, Zopfflechter. Hier sollten Sie feilschen. Schöner ist der *Kunsthandwerkermarkt* im CC Campanario *(Do und So 10–14 Uhr)*.

FREIZEIT & SPORT

ACUA WATER PARK
Wasserpark mit Riesenrutsche und anderem Badespaß. *Mitte Juni–Mitte Sept. tgl. 10–18 Uhr, Mitte Nov.–Ende März geschl., sonst Fr–Di 10.30–17.30 Uhr | Eintritt 25, ab 14 Uhr 20 Euro | www.acuafunpark. com*

BOOTSTOUREN/ANGELN
Kleine Kioske an der Hafenpromenade informieren über und verkaufen für alle Aktivitäten ab Hafen, z. B. einen Törn mit dem Glasbodenboot *Celia Cruz* (1 Std. 18 Euro). Andere Motorboote laufen zu mehrstündigen Angeltouren aus. Tägliche Segeltörns bietet *Corralejo Catamarans (Tel. 6 55 79 63 84 | www. corralejocatamarans.com)*.

FAHRRÄDER/MOTORRÄDER/QUADS
In der Innenstadt mietet man Räder bei *Vulcano Biking (C/ Acorazado España 8 | Tel. 9 28 53 57 06)*. Organisierte **INSIDER TIPP** Fahrradausflüge abseits der Straßen (dt. Leitung) führt *Easy Riders (C/ Las Dunas | local 2 | Tel. 6 37 40 82 33 | www.easyriders-bikecenter.com)* durch. Elektrisch betrieben sind die *Eco2wheels* (Mini-Segways), zu buchen im CC Campanario *(Tel. 6 71 36 75 27 | www.eco2 wheels.com)*. Ebenda finden sich auch im Stehen zu fahrende elektrische Dreiräder *(Tel. 6 97 98 50 00 | www.ecotribes. es)*. Eco-Buggys sind elektrische Quads mit Dach für längere Touren, zu finden

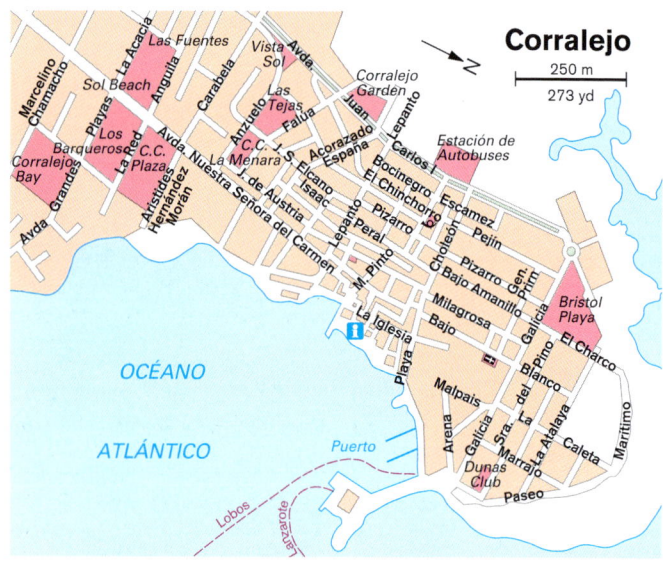

an der Hauptstraße und im CC Campanario *(Tel. 6 37 28 83 39)*. Wer knatternde Quads vorzieht, wird unter derselben Adresse fündig. Viel schicker sind jedoch die silbernen, dreirädrigen *Canam-Spyder,* zu buchen über *Tel. 6 19 07 22 48 | can-am-spyder-tours.de*.

STRÄNDE
Unter *Playa de Corralejo* wird nicht der kleine Ortsstrand, sondern der 5 km weiter südöstlich bei den Hotels *Tres Islas* und *Oliva Beach* gelegene Dünenstrand verstanden. Ca. 1,5 km südlich der Hotels, wo die Straße noch nicht in Strand-

Guter Platz für eine Pause auf der Fahrradtour: der kleine Ortsstrand von Corralejo

FISCHMASSAGE ●
Fische knabbern tote Hautzellen von Ihren Füßen und Beinen – ein herrlich entspannendes Vergnügen, das auch noch medizinisch wertvoll ist. Zwei Anbieter: *Dr Fish (C/ Milagrosa 29 | Plaza Pública | www.fishspaboutique.com)* und *Fish & Feet (Nuestra Señora del Carmen 16)*

GOLF
Der 9-Loch-Platz *Mirador de Lobos Golf (Tel. 6 50 65 23 35)* versteckt sich ganz am Südende des Ortes (Wegbeschreibung erfragen!).

JETSKI
Für die lärmigen „Wassermotorräder" gelten eingeschränkte Nutzungszeiten. *Ab Steg am Hafen*

nähe verläuft, befindet sich ein FKK-Revier. Beachten Sie die Signalfahnen: Bei Rot ist das Baden wegen zu starker Strömung verboten, bei Gelb sollten Sie in Ufernähe bleiben.

TAUCHEN, SCHNORCHELN, SCHWIMMEN
Die Besichtigung der Unterwasserwelt von Corralejo wird u. a. ermöglicht durch das *Dive Center Corralejo (C/ Nuestra Señora del Pino 22 | nahe Dunas Club | Tel. 9 28 53 59 06)* und durch die Tauchschule *Punta Amanay (C/ El Pulpo 5 | am Dunas Club | Tel. 6 56 44 76 57)*.
Schnorchelsafaris zur kleinen Insel Los Lobos bietet *Get Wet (Tel. Udo 6 60 77 80 53)*; Schwimm- und Schnorchelunterricht erteilt *Swimfuerte (www.*

swimfuerte.com), Informationen und Treffpunkt bei *Extreme Animals & Sports (nur Mai–Okt. | C/ las Dunas | local 3 | Tel. 9 28 53 53 62)*.

Pool des Hotels RIU Tres Islas über dem Strand

WINDSURFEN
Für Anfänger ist die kleine Bucht des Ortsstrands am günstigsten; dort befindet sich auch die Surfschule *Billabong (Tel. 6 30 64 79 29 | billabongsurfcamp. com)* mit Brettverleih. 200 m nördlich vom Hotel *Tres Islas* liegt das *Flag Beach Windsurf Center (Tel. 9 28 86 63 89 | www.flagbeach.com)*, das auch Drachensurfen anbietet.

AM ABEND

Mojito mit Meerblick! Das ist es, was die abendlichen Bummler an die Avenida Marítima lockt, z. B. ins *Cantante* mit Livemusik und Tanz (Ecke Paseo Atlántico). Die Surferjugend zieht es weiter nördlich in die Calle La Niña, speziell zur Bar *Buen Onda*.

CAFÉ BLANCO ●
Schöne Cocktailbar mit bequemen Polstern und Patio. *C/ La Iglesia | Ecke Calle María Santana Figueroa*

HENNER'S
Beliebter Treffpunkt: Die einstige *Schaukel* wirbt nun mit dem Namen ihres deutschen Wirts. *Plaza Pública*

ROCK CAFÉ
Beliebter Treffpunkt für Nachtschwärmer – und nicht nur für die ganz jungen; mit sehr schöner Terrasse. *Av. General Franco | CC Plaza*

WAIKIKI
Hier können Sie Ihre Cocktails direkt am Strand mit Meerblick schlürfen – drinnen oder draußen. *C/ Aristides H. Morán*

ÜBERNACHTEN

ATLANTIC GARDEN
Die 168 modern ausgestatteten, dabei erstaunlich preisgünstigen Apartments (je 41 m²) liegen neben dem neuen Einkaufszentrum *El Campanario* im Osten des Ortes. 3 Pools, Tennis. *Av. Gran Canaria 4 | Tel. 9 28 86 71 60 | www. grandholidaysclub.com | €*

BARCELÓ CORRALEJO BAY
Vier-Sterne-Haus nur für Erwachsene: zentral, strandnah und viel gelobt. 231 Zimmer, davon einige mit Meerblick. Ten-

nisplätze, Pools im Winter beheizt. *Av. de las Grandes Playas 12 | Tel. 9 28 53 60 50 | www.barcelo.com | €€€*

LA CABAÑA
Fünf Apartments zu Sozialpreisen. Morgens verwöhnt Wirtin Helga ihre Gäste mit frischen Brötchen. Nur direkt buchbar. *C/ Nuestra Señora del Pino 14 | Tel. 9 28 53 50 39 | € (ohne Verpflegung)*

GRAN HOTEL ATLANTIS BAHÍA REAL
Das führende Luxushotel der Insel. Drei Merkmale heben es heraus: die 3000 m² große ● Wellnesslandschaft mit kosmetischen und physiotherapeutischen Anwendungen, die vier À-la-Carte-Restaurants (darunter auch ein japanisches), in denen auf Gourmetniveau gekocht wird, sowie das hohe Serviceniveau. 72 der 242 Zimmer sind Suiten von bis zu 160 m² Größe. Man möchte gar nicht wieder ausziehen! *Ostende der Av. de las Grandes Playas | Tel. 9 28 53 71 53 | www.atlantishotels.com | €€€*

LAS MARISMAS
Die 2003 eröffnete Anlage mit 232 Zwei- und Dreizimmerapartments gewann rasch viele Freunde. Sie liegt ruhig (gleich östlich vom Acua Park), es gibt einen Süß- und einen Salzwasserpool, Tennis, Squash, Minigolf und gute Kinderbetreuung. *C/ Huriamen | Tel. 9 28 53 72 28 | www.lasmarismas.info | €€*

RIU OLIVA BEACH/RIU TRES ISLAS
Mit Meerblick in den Dünen wohnen – das hat was! Heute würde ein Neubau an dieser Stelle nicht mehr genehmigt. Das *Oliva Beach (401 Zi.)* wird als reines Clubhotel geführt, das teurere *Tres Islas (372 Zi.)* hat den schöneren Garten. Beide bieten viel Animation und Sport. *Oliva Beach: Tel. 9 28 53 53 34 | Tres Islas: Tel. 9 28 53 57 00 | beide www.riu.com | €€€*

AUSKUNFT

OFICINA DE TURISMO
An der kleinen Mole | Tel. 9 28 86 62 35

ZIELE IN DER UMGEBUNG

CUEVA DEL LLANO ● (127 D3) *(ﾉ G3)*
Lange war sie nur Einheimischen bekannt, nun ist sie ein Ausflugsziel: die 648 m lange, größte Lavahöhle der Insel. Sie entstand vor etwa einer Million Jahren, als ein Lavastrom außen erkaltete, sodass eine feste Hülle entstand, aus der das flüssige Innere dann herausgelaufen ist. Die so entstandene Röhre hat einen Durchmesser von 7–10 m. Man besichtigt sie mit Grubenlampen. Das 300 m weite Vordringen in völlige Finsternis (nur mit Führung) ist das Haupterlebnis, die Höhle bietet ansonsten wenig. Über die geo-

LOW BUDGET

Die Surfschule *Billabong (Tel. 6 30 64 79 29 | billabongsurfcamp. com)* bietet ihren Kunden auch Zimmer und Schlafsaalbetten, letztere zu 22 Euro/Nacht, und das bei der Lage direkt am Galera Beach in Corralejo *(zw. C/ La Red und A. H. Morán)!*

Bei dem italienischen Selbstbedienungsrestaurant *Da Uli (C/ Crucero Baleares)* in Corralejo wird man für unter 7 Euro satt.

Praktisches wie Badeschlappen oder Handtücher, aber auch Spielzeug und viel kuriosen Schnickschnack gibt's superbillig im Kellerladen *D'Todo* in Corralejo *(neben Dany Sport an der Hauptstraße).*

logischen Details und eine blinde Spinnenart, die nur hier lebt, gibt eine kleine Ausstellung Auskunft. *Zeitweise geschl., bitte vorher die Oficina de Turismo fragen | Eintritt 5 Euro | 11 km auf der FV 101 Richtung Villaverde, dann rechts den Schildern „Cueva del Llano" folgen*

ISLA DE LOS LOBOS ★
(127 E–F1) (*◫ H1–2*)

Das nur 6 km² große, autofreie Eiland nordöstlich der Stadt steht seit 1982 unter Naturschutz. Es ist fast gänzlich von schwarzer Lava bedeckt, und es gibt keine Ziegen, daher gedeiht hier mehr Vegetation als anderenorts. Lobos ist ein beliebtes Ziel für einen (Halb-)Tagesausflug per Schiff zum Wandern und Baden. Der volle Name „Isla de los Lobos" bedeutet „Robbeninsel", doch Robben gibt es hier schon lange nicht mehr.

Nahe der Mole erläutert ein Informationszentrum die naturkundliche Bedeutung der Insel. Linksab geht's zu einer flachen Badebucht und einem 127 m hohen Vulkanrest. Auf den Hauptwegen wandert man zum Nordkap (Leuchtturm) und zurück in 2–3 Stunden. In dem winzigen Fischerdorf – vom Anleger rechts ab – erhält man zu trinken und, wenn Sie sich am Vormittag nach der Ankunft anmelden, auch zu essen. Das Lokal, nach seinem Wirt als *Antonito* bekannt, liegt ganz vorn am Wasser. Nehmen Sie immer auch Proviant, vor allem Wasser, mit, und entsorgen Sie Ihre Abfälle bitte in Corralejo. *Mehrere Verbindungen tgl. ab 10 Uhr*

LANZAROTE (0) (*◫ 0*)

Die wegen ihrer Naturwunder bekannte Insel kann man von Corralejo aus sehen. Mehrmals täglich verkehren von der großen Mole aus Fährschiffe. Die Überfahrt dauert mit der normalen Fähre 25, mit dem Großkatamaran 12 Minuten. Über die Reisebüros in der Hauptstraße können Sie auch geführte Ganztagsausflüge buchen. *Ausführliche Hinweise finden Sie im Marco Polo Reiseführer „Lanzarote".*

COTILLO

(126 B2) (*◫ E3*) **Dieses animationsfreie Fischerdorf im Nordwesten der Insel ist etwas für ruhebedürftige Individualisten. Der Ort Cotillo sieht etwa so aus wie Corralejo vor zwanzig Jahren.**

Ihn idyllisch zu nennen wäre geschmeichelt, dennoch ist es gerade die etwas raue Schlichtheit, die vielen gefällt.

Cotillos Geschichte geht bis ins 17. Jh. zurück, als der Ort als Handelshafen fungierte. Zu seinem Schutz wurde im Jahr 1743 der am südlichen Ortsrand beim neuen Hafen erhaltene Wehrturm *Torre del Tostón* erbaut, zeitgleich mit seinem Schwesterturm in Caleta de Fustes. Da aber war die Zeit der gefürchteten Piratenüberfälle praktisch schon vorbei, dramatische Heldengeschichten hat das alte Gemäuer also nicht zu erzählen. Heute finden hier wechselnde Kunstausstellungen statt. Als weitere Zeugen der Geschichte berichten nahe gelegene alte Kalköfen von El Cotillos einstiger wirtschaftlicher Bedeutung.

Der alte Hafen war – und ist – vom Meer her schwer zu erreichen, da ein vorgelagertes Riff, das die Dünung bricht, nur einen sehr engen Durchlass gewährt. Seemännische Steuerkünste und reichlich Gottvertrauen sind nötig; und so gewinnt die große Aufschrift auf der Felswand am Hafen ihren eigentlichen Sinn. „Viva la Virgen del Buen Viaje" steht dort: Es lebe die heilige Jungfrau der guten Reise. Kommen Sie mit dem Pkw über die Landstraße, sollten Sie geradeaus in den Ort hineinfahren. Fahren Sie kurz vor dem Ortsende links ab, gelangen

Sie zum Festungsturm, zu den Kalköfen, zum neuen Hafen, zu mehreren Restaurants und zum großen Strand. Biegen Sie kurz vorm Ende nach rechts ab, so kommen Sie zum alten Hafen mit weiteren netten Lokalen – Cotillos urigster Ecke. Möchten Sie zu den kleinen Badebuchten und zur Punta de Tostón, folgen Sie einfach der im Ort zweimal nach schräg rechts abknickenden Hauptstraße.

näher dran am Wellenschlag liegt *Vaca Azul (tgl. | Nordseite des alten Hafens | Tel. 9 28 53 86 85 | €€)*, ebenfalls mit Terrasse. Die altbeliebte „blaue Kuh" hat sich in letzter Zeit sogar noch verbessert. Eine italienische Alternative bietet *Azzurro (Mo geschl. | rechts der zur Punta del Tostón führenden Straße | Tel. 9 28 17 53 60 | €€)* nördlich des Ortes. Auch hier sitzt man schön auf einer Terrasse mit Meerblick.

Hier ist Tourismus noch Nebensache: Fischerboote im Hafen von Cotillo

ESSEN & TRINKEN

In Cotillo kommen Meeresfrüchte- und Fischliebhaber voll auf ihre Kosten. Am Wochenende reisen die Leute sogar aus Puerto del Rosario an, um in einem der hiesigen Bar-Restaurantes zu speisen. Besonders erwähnenswert ist *El Mirador (Do. geschl. | C/ Muelle de los Pescadores 19 | Tel. 9 28 53 88 38 | €€)* am alten Hafen, wo man auf der Dachterrasse köstlichen frischen Fisch zum Sonnenuntergangspanorama genießen kann. Noch

Pizzen, Tapas, Nachos und Seeblick locken bei (kleinem) Hunger und großem Durst zur Cafébar *Aguayre* oberhalb vom neuen Hafen. Beliebt für den guten Kaffee und den leckeren Kuchen ist die Bäckerei **INSIDER TIPP** *El Goloso (C/ León y Castillo | am nördlichen Ortsrand)*.

SPORT & STRÄNDE

Der Strand südlich von Cotillo lockt mit seiner meist kräftigen Brandung vor allem Badegäste und Sportler an, denen ruhiges Wasser zu langweilig ist, in erster Linie Fun-Board-Spezialisten und geübte Wellenreiter. Für weniger sichere Schwimmer und Surfanfänger sind die Verhältnisse allerdings nicht geeignet, zumal an vielen Stellen flache Felsen im Wasser anstehen. In den von Riffen geschützten kleinen Buchten nördlich des Ortes, den *Playas de los Lagos*, ist das Wasser dagegen stets ruhig. Dort können auch Kinder gefahrlos baden gehen. Im Vorort El Roque neben der dortigen Windmühle bietet der Reitstall *Granja Tara (Tel. Fanny 6 07 55 26 61 | auch Transfer aus Corralejo)* Reitunterricht und Ausritte.

ÜBERNACHTEN

COTILLO LAGOS
Der Name verrät, wo man hier wohnt: direkt an den Badebuchten, den *Lagos de Cotillo* nördlich des Ortes. 161 Studios und Apartments bieten sehr preisgünstige Erholung für ruhebedürftige Gäste. *Tel. 9 28 17 53 88 | www.cotillolagos. com | €*

SOUL SURFER HOTEL
Endlich ein richtiges Surferhotel am Ort! Man wohnt unter deutsch-spanischer Leitung mitten im Ort mit etwas Meerblick von der schön möblierten Dachterrasse aus. Die Gäste sind voll des Lobes. *18 Zi. | C/ San Pedro 2 | Tel. 9 28 53 85 98 | www. hotel-cotillo.de | €*

ZIELE IN DER UMGEBUNG

LAJARES (126 C3) (*ω F3*)
Den kleinen, 8 km vor El Cotillo gelegenen Weiler passiert jeder, der von Corralejo aus Richtung Cotillo über die Landstraße kommt. Bekannt ist der Ort durch die *Stickereischule von Natividad Hernández López* und das Kunsthandwerksgeschäft *Artesanía Lajares* (in Richtung Corralejo rechts gelegen). Dort werden nicht nur die berühmten Stickereien, sondern auch Töpferwaren und anderes Kunsthandwerk der Insel verkauft. Besucher können auch das Entstehen der Durchbruchstickereien verfolgen.
Viele machen heute aus anderen Motiven in Lajares Station: Hier entstand das

UNFREIWILLIGES EXIL

Die fernab gelegenen Kanarischen Inseln, besonders Hierro und Fuerteventura, waren für Spanien noch bis ins 20. Jh. hinein, was Australien einmal für die Engländer war: ein Abschiebeort für kriminelle und aufrührerische Gestalten. Aus dieser Entfernung konnten sie nicht mehr lästig werden.
Und so war Miguel de Unamuno (1864 bis 1936), jener bedeutende spanische Dichter und Philosoph, der die Insel Fuerteventura in dem Buch „De Fuerteventura a París" literarisch verewigt

hat, keineswegs der Einzige, der von der spanischen Regierung hierher verbannt wurde. Ihn traf es 1924 wegen seiner Gegnerschaft zur Militärdiktatur Primo de Riveras. Zu Zeiten der Republik nahm die Insel den Anarchisten Buenaventura Durruti auf, unter dem Diktator Franco die Spitzen der ihm unbequemen Opposition. Nicht alle werden Fuerteventura wie Unamuno als „Oase in der Wüste der Zivilisation" erlebt haben. Und schließlich hat selbst Unamuno seine Flucht von der Insel organisiert.

heimliche Surferzentrum des Nordens – erstaunlich für einen Ort im Binnenland. Aber zwei für Könner attraktive Spots (bei Cotillo und an der Nordküste) sind von hier aus bestens zu erreichen. Zur Infrastruktur gehören diverse Surfshops und -schulen, z. B. *Magma (am Kreisel Richtung Cotillo | 9 28 86 82 88 | www.magma-kiteschool.com)*, Sportmodeläden und Cafés, darunter die deutsche Bäckerei *La Ola (neben der Artesania Lajares)* und das *Pastelo (Richtung Corralejo rechter Hand),* das als einziges mit seiner Terrasse nicht direkt an der Durchgangsstraße liegt. Die Surfschulen vermitteln auch Unterkünfte. Hotels gibt es nicht.

Los Pinchitos (rechts der Straße Richtung Corralejo | Mi geschl. | €) – „die Spießchen" – nennt sich eine Dorfgaststätte, die für ihre guten Ziegenfleischgerichte bekannt ist. Was entsteht, wenn ein deutscher Gourmetkoch auf den Kanaren ein Landgasthaus eröffnet? **INSIDER TIPP** *El Patio de Lajares (Mo/Di geschl. | an der alten Landstraße von Lajares Richtung Cotillo | Tel. 6 50 13 40 30 | www.patiolajares.com | €€€)* zeigt's: ein Reiseziel vor allem für Liebhaber edelster französischer Tropfen – mit dem Vorteil, dass nach den Genüssen schon das Bett in einem der sechs Gästezimmer wartet. Zum Speisen (mittags ab 13.30, abends ab 19 Uhr) wird Reservierung erbeten.

Bemerkenswert in der Gegend sind die bis zu mannshohen Mauern aus lose geschichteten Lavabrocken. Die derart umfriedeten Grundstücke aber sind vielfach selbst nur wieder mit faust- bis kopfgroßen Lavabrocken bedeckt. Während diese wegen ihrer Wasser anziehenden Wirkung ausgelegt wurden, sollten die Schutzmauern die Ziegen von den hier einst angebauten Nutzpflanzen fernhalten, wobei nicht etwa die Ackerknechte der allmächtigen Grundherren, sondern die Ziegenhalter zum Bau der Mauern

Leuchttürme an der Punta de Tostón

verpflichtet wurden. Heute werden die Felder nicht mehr bestellt.

PUNTA DE TOSTÓN (126 B2) (*ⴰⴰ E2*)

Von Cotillo führt eine Stichstraße an den weißsandigen Badebuchten (und großen, aber stillgelegten Baustellen) der *Playas de los Lagos* vorbei zum 4 km entfernten Nordwestkap mit seinen Leuchttürmen aus drei Generationen. Die Räumlichkeiten beherbergen heute ein *Fischereimuseum (Di–Sa 10–18 Uhr | Eintritt 3 Euro),* das über die traditionellen Fangmethoden der *majoreros* informiert; dazu gehört eine kleine Cafeteria. Im westlichen Vorland können Sie ein **INSIDER TIPP** Landschaftskunstwerk mitgestalten: Dort haben Besucher im Laufe der Jahre immer mehr Steinmännchen aus Lavabrocken aufgeschichtet; manche türmen sich in gewagten Balanceakten zu erstaunlicher Höhe. Über eine Piste kann man weiter nach Corralejo fahren. In den Sommermonaten breiten sich hier spanische Camper aus.

LA OLIVA

(127 D4) *(∅ F4)* **Die Kleinstadt La Oliva mitten im vulkanischen Inselnorden ist**

wurde als Getreide- und Ackergerätemuseum hergerichtet. Texte, die an der Rezeption auch auf Deutsch vorliegen, sowie Ackergerät und historische Fotos geben einen Einblick in die Insellandwirtschaft. *Di 10–18, Mi–Sa 10–15 Uhr | Eintritt 1,50 Euro | an der Straße Richtung Cotillo linker Hand*

CASA DE LOS CORONELES

Die zweigeschossige Residenz mit zinnenbewehrten Ecktürmen und 40 Räu-

Wie ein kleines Fort wirkt die schmuck renovierte Casa de los Coroneles in Oliva

das Zentrum einer traditionellen Ackerbauregion.
Von hier aus wird der Inselnorden verwaltet. 1709 bis 1859 war Oliva Amtssitz des Inselgouverneurs. Seinen Namen hat der Ort vom Olivenanbau, der hier jahrhundertelang betrieben wurde.

SEHENSWERTES

CASA DE LA CILLA

Die ehemalige Zehntscheune, in der die Kirche die Abgaben der Bauern lagerte,

men ist der bedeutendste Profanbau der Inselgeschichte. Er entstand im 17. Jh. als Herrensitz. Anfang des 18. Jhs., nach dem Machtverfall der *señores*, zog die Militärverwaltung ein – daher der Name „Haus der Obristen". Im November 2006 wurde der frisch renovierte Bau von König Juan Carlos wieder eröffnet. Eine Inneneinrichtung ist nicht erhalten. Ein Teil der Räume wird zeitweise für wechselnde Kunstausstellungen genutzt. *Di–So 10–18 Uhr | Eintritt 3 Euro | am südlichen Ortsrand*

INSIDER TIPP ▶ CENTRO DE ARTE CANARIO

Das aus einer privaten Gründung hervorgegangene Kunstzentrum besteht aus einem historischen Gebäude, der *Casa Mané,* zwei unterirdischen Ausstellungsgängen und einem großen Garten mit zahlreichen Freiluftplastiken. Zu sehen sind vorwiegend Werke kanarischer Gegenwartskünstler. *Mo–Fr 10–17, Sa 10–14 Uhr | Eintritt 4 Euro | am südlichen Ortsrand gegenüber der Casa de los Coroneles*

IGLESIA DE NUESTRA SEÑORA DE LA CANDELARIA

Der dreischiffige, weiße Bau der Kirche mit einem Turm aus dunklem Naturstein wurde um 1711 errichtet. Er birgt einen barocken Marienaltar und eine Kanzel, die Bildnisse der vier Evangelisten zeigt. *Keine festen Öffnungszeiten | Ortsmitte*

EINKAUFEN

MERCADO DE LAS TRADICIONES ◔

Ein kleiner Markt mit frischen Inselprodukten. Er findet statt in einem historischen Wohnhaus, der *Casa del Coronel* (nicht zu verwechseln mit der großen *Casa de los Coroneles!*) *Di und Fr 10–14 Uhr | C/ Tercio Don Juan de Austria*

MUSEO LA FÁBRICA ALOE VERA

Hier geht es zwar vor allem um den Verkauf von Aloe-vera-Produkten, es wird aber auch vorgeführt, wie die Pflanzen angezapft, also aufgeschnitten werden. Sie gedeihen auf dem Acker gleich nebenan. *Tgl. 10–18 Uhr | FV-101/Richtung Corralejo linker Hand*

ÜBERNACHTEN

INSIDER TIPP ▶ VILLA VOLCANA ☼

Am Nordhang des Vulkans Monte Arena („Sandberg"), westlich des Vororts Villaverde, steht ein kleines Haus mit großem Garten und bestem Fernblick. Die vier Apartments (mit Terrassen) sind ideal für Ruhe Suchende. Schönes Interieur, deutsche Wirtin. *Nur direkt zu buchen über Tel. 9 28 86 86 90 oder 6 08 92 83 80 | hannelore@living-atlantis.de | € (ohne Verpflegung)*

ZIELE IN DER UMGEBUNG

TINDAYA (126 C4) (𝄞 E–F4)

Die von La Oliva nach Südwesten führende Hauptstraße passiert nach etwa 5 km den rechter Hand liegenden *Berg Tindaya.* Der knapp 400 m hohe Vulkanrest, der aus dem marmorartigen

LÄNDLICHER TOURISMUS

Je trubeliger es an der Küste wird, desto mehr zieht es Ruhesuchende ins Inselinnere: zum Wandern oder Wohnen. Die Inselregierung fördert diesen Trend. Mittlerweile gibt es schon zwei Dutzend stilvoller Landhotels, darunter *La Era de la Corte* (s. S. 56) in Antigua und die *Casa Isaítas* (s. S. 66) in Pájara. Auch geführte Wanderungen (s. S. 105) gehören zum ländlichen Tourismus, desgleichen die ländlichen Museen und die Wiedererschließung der historischen *Caminos reales,* der „Königswege", die die alten Orte miteinander verbanden. Mehr dazu erfahren Sie von Frau von der Twer, einer Pionierin des ländlichen Tourismus und Wirtin der *Villa Volcana* (s. S. 45) bei La Oliva.

LA OLIVA

Ergussgestein Trachyt besteht, ist durch Eisenoxide rot gefärbt. Die Altkanarier verehrten den Berg als heilig und hinterließen auf ihm über einhundert schematisierte Ritzzeichnungen von Füßen, die in Bezug stehen zur Position der Sonne zur Winter- und zur Sommersonnenwende sowie zu bestimmten Positionen von litischen Filz, dem der Schutz von Natur und Geschichte ziemlich gleichgültig ist, sobald sich aus einer Sache genügend Profit schlagen lässt. Das Besteigen des Tindaya erfordert eine zuvor eingeholte Genehmigung und geht nur mit Führung. Ein kleines Stück weiter die Landstraße entlang, sehen Sie gegenüber, am Berg-

Tindaya, der heilige Berg der Altkanarier

Mond und Venus. Der Berggipfel scheint mithin als eine Art Observatorium sowie möglicherweise als Zentrum eines antiken Sonnenkults gedient zu haben. Der Berg wurde daher 1994 zum Naturdenkmal erklärt. Obwohl seine historische Bedeutung schon vorher lange bekannt war, bekam eine Firma noch 1991 die Genehmigung, ihn kommerziell als Steinbruch zu nutzen. Die Arbeiten wurden später zwar wieder eingestellt, die an der Flanke gerissene große Wunde zeugt aber weiterhin vom hiesigen po-

hang der *Montaña Quemada* (126 B4–5) *(∭ B–C5)*, über einer langen Mauer ein Standbild des Dichters, Philosophen und Franco-Gegners Miguel de Unamuno. Er ist der berühmteste spanische Literat, der je über die Insel schrieb – allerdings kam er hierzu eher unfreiwillig, denn er wurde 1924 wegen regimekritischer Äußerungen von der spanischen Regierung seiner Universitätsämter enthoben und nach Fuerteventura verbannt.
Wer zur Ortschaft Tindaya abbiegt, kann durch sie hindurch weiterfahren zur *Pla-*

ya de Jarugo, einem wenig besuchten Strand an der Westküste. Dazu biegen Sie bei der *Bar González* rechts ab, dann geht es bei dem weißen Turm einer kleinen Umspannstation nach links, am nächsten Abzweig wieder rechts und dann „der Nase nach". Liegt das letzte Haus hinter Ihnen, biegen Sie mit der Asphaltstraße an einer Einmündung von rechts nach links ab. An der nächsten Gabelung geht es nach rechts (Schild „40 km/h"), dann folgt eine holprige Piste, die man besser nur per Geländewagen (oder per Mountainbike) zurücklegt. Der Abstecher lohnt allerdings nur bei freundlichem Wetter. Bleiben Sie beim Baden unbedingt im flachen Wasser!

VALLEBRÓN/MIRADOR MONTAÑA DE LA MUDA (126 C–D5) (*F–G5*)

Östlich von Tindaya führt eine Serpentinenstraße bergauf zu einem Aussichtspunkt, dem *Mirador Montaña de la Muda*. Dort gibt es einen Parkplatz, von dem ein kleiner Fußweg zur eigentlichen Aussichtsplattform mit einer erklärenden Tafel führt (Infotexte auf Spanisch und Englisch). Von hier überblickt man einen Großteil des Nordwestens der Insel, vor allem aber hat man einen hervorragenden Blick auf den heiligen Berg Tindaya. Wenn Sie frühmorgens bald nach dem Sonnenaufgang hier sind, erleben Sie dessen rötliche Gesteinsfärbung besonders intensiv.

Weiter führt die Straße ostwärts in das vom Tourismus bisher weitgehend verschonte Hochtal von *Vallebrón* mit seinem kleinen Kirchdorf. Dort hat sich noch mehr als andernorts auf der Insel ein wenig traditioneller Ackerbau erhalten – dank der etwas reichlicher als sonst fallenden Niederschläge. Zwischen den Feldern wachsen Johannisbrot- und Feigenbäume. Das Tal ist als Landschaftsschutzgebiet ausgewiesen.

PUERTO DEL ROSARIO

KARTE AUF S. 51

(131 E1) (*G–H6*) **Wenn Sie schon auf Fuerteventura sind, machen Sie doch mal einen Ausflug nach Spanien! Vor allem aus der Perspektive der Ferienclubs ist die nahezu touristenfreie Inselhauptstadt nämlich eine andere Welt.**

Zwar glänzt *Puerto Rosario* (so die gebräuchliche Kurzform) weder durch Alter noch durch besondere Schönheit, gleichwohl ist die Hafenstadt (36 000 Ew.) die lebendigste Ortschaft der Insel.

Der Ort entstand ab 1797 als Hafen des binnenwärts gelegenen Weilers Tetir. Eine Quelle lockte viele Ziegen an, und so nannte man die neue Siedlung *Puerto de Cabras*, „Ziegenhafen". Mit der Zunahme des Schiffsverkehrs nach Gran Canaria, Teneriffa und zum Festland siedelten sich immer mehr Festlandsspanier und Bürger Gran Canarias hier an. 1835 löste sich der auf 500 Einwohner angewachsene Ort von Tetir und wurde eine selbstständige Gemeinde. Seine weitere Entwicklung hat er vor allem englischen Kaufleuten zu verdanken, die im 19. Jh. von hier aus Sodakraut, den Farbstoff der Cochenille-Läuse und gebrannten Kalk verschifften. Einige Jahre lang unterhielt Großbritannien hier sogar ein Konsulat. Die erste Blütezeit endete vor 1900, als die exportierten Naturprodukte ihre wirtschaftliche Bedeutung verloren. Als wichtigster Inselhafen hatte Puerto de Cabras die älteren Ortschaften aber längst überflügelt und war als zentraler Inselzugang bereit 1860 zur Hauptstadt Fuerteventuras aufgestiegen. Nach und nach entstanden ab 1900 repräsentative Verwaltungsgebäude, ein erstes Hotel öffnete seine Pforten. Der Name „Ziegenhafen" wurde allmählich als unwürdig empfunden. 1956 erfolgte die Umbenennung in Puerto del Rosario („Hafen des Rosenkranzes") zu Ehren der Heiligen Jungfrau des Rosenkranzes, der Schutzheiligen der Stadt. Wenig begeistert waren die Bürger, als Mitte der 1970er-Jahre Teile der spanischen Fremdenlegion hierher verlegt wurde (zeitweise über 3000 Mann). Die Kriminalität nahm dramatisch zu, und im Süden der Stadt entstand ein als *barrio chino* – „Chinatown" – bekanntes Amüsierviertel, das heute jedoch nicht mehr existiert. Unterdessen wurde die Legion wieder abgezogen, und reguläre Infanterie rückte in ihre Kaserne ein.

Seit den 1980er-Jahren wurden das Erscheinungsbild des Ortes verbessert, historische Gebäude restauriert, Parks und eine Hafenpromenade angelegt sowie Skulpturen aufgestellt. Besonders das Zentrum mit dem Sitz der Inselverwaltung *(Cabildo Insular)*, der Kirche und dem Rathaus macht einen recht ansehnlichen Eindruck. Zur Freude der Stadtverwaltung und zum Stolz der Einwohner wird die Entwicklung durch regelmäßige Besuche bekannter Kreuzfahrtschiffe honoriert. Zu den Pluspunkten Puerto del Rosarios zählt ferner ein durchaus beachtenswertes Kulturangebot.

Ein Rundgang könnte so aussehen: Vom *Parque Municipal,* wo sich, ein Stück südlich des Busbahnhofs, die zwei Hauptstraßenachsen kreuzen, gehen Sie die Hauptstraße León y Castillo abwärts. Erster Bau rechter Hand ist die Ringkampfarena. Auf deren Rückseite steht das Pfarrhaus, an dessen Front entlang Sie zur Parallelstraße gehen. Von hier aus weiter abwärts kommen Sie an der *Casa Museo Unamuno* vorbei. Links steht die Kirche. An der nächsten Ecke erheben sich rechts das Gebäude des *Cabildo Insular*, der Inselregierung, und links das Rathaus. Weiter abwärts gelangen Sie zum Hafen mit Promenade. Gehen Sie von dort die León y Castillo wieder aufwärts und am Rathaus links, so gelangen Sie in das als ansehnliche Fußgängerzone gestaltete Geschäftszentrum der Stadt.

SEHENSWERTES

CASA MUSEO UNAMUNO ●

In den Räumen des ehemaligen Hotels *Fuerteventura*, in dem der spanische Schriftsteller und Philosoph Miguel de Unamuno (1864–1936) während seiner viermonatigen Verbannung 1924 zusammen mit einem Leidensgenossen, dem Journalisten Rodrigo Soriano, wohnte, können Besucher heute eine Reise in die Vergangenheit unternehmen. Vom Schreibtisch des Dichters über sein Bett bis zum Nachttopf ist noch alles wie in alten Tagen. Selbst die Küche blieb original erhalten. *Mo–Fr 9–14 Uhr | Eintritt frei | neben der Kirche*

CENTRO DE ARTE JUAN ISMAËL ●

Der dreigeschossige Bau mit seiner gelben Giebelfassade enthält stimmungsvolle Ausstellungs- und Veranstaltungssäle sowie ein Künstleratelier. Gezeigt wird vor allem kanarische Gegenwartskunst. *Di–Sa 10 –13, 17–21 Uhr | C/ Almirante Lallermand 30*

INSIDER TIPP PARQUE ESCULTÓRICO ●

Auch anderenorts auf der Insel wurde öffentlicher Raum mit Skulpturen und Plastiken verschönt, aber nirgends gibt es so viele und so interessante Kunstwerke zu entdecken wie in der Inselhauptstadt – es sind über 100. Viele wurden mit erklärenden Texttafeln versehen. Der Hintergrund: Ab 2001 fand hier zehn Jahre lang einmal jährlich ein überregionales Bildhauersymposium statt. Die besten Ergebnisse blieben der Stadt erhalten.

Ein Großteil schmückt die Hafenpromenade, doch der räumlich nicht umgrenzte *Parque Escultórico* (Skulpturenpark) erstreckt sich über die ganze Stadt. Der Gratisplan „Puerto zu Fuß", den die Touristeninformation ausgibt, führt zu 16 innerstädtischen Kunstwerken. *www. turismo-puertodelrosario.org*

EL CONGREJO COLORAO

„Der rote Krebs": Hier speist man preiswert und gut frischen Fisch mit Seeblick, am besten auf der überdachten Terrasse direkt am Meeresufer. Besonders zu empfehlen: das dreigängige Tagesmenü. *Mo geschl. | C/ Juan Ramón Jiménez 2 | vom Hafen kommend nordwärts*

Der Schreibtisch des Dichters in der Casa Museo Unamuno

ESSEN & TRINKEN

Für alle Lokale in Puerto del Rosario gilt: Die Verständigung mit dem Servicepersonal ist meist nur auf Spanisch möglich! Wenn Sie nur eine Kleinigkeit essen wollen, bieten sich die Cafés in der Fußgängerzone Avenida Primero de Mayo an, darunter die italienische Eisdiele *Kiss (Ecke Calle Maestro de Falla)*, die auch ordentliche Pizzen serviert. Eine Rast mit Meerblick ermöglicht das Terrassenlokal *Los Paragüitas (Plaza de España)*. Klimatisiert trinken und speisen können Sie in den oberen Etagen des Einkaufszentrums *Las Rotondas*.

die Calle Almirante Lallermand entlang, jenseits der Tankstelle die nächste Straße rechts, Autofahrer biegen eine Straße weiter rechts ab, und fahren dann zurück | Tel. 9 28 85 84 77 | €€

MAR Y MONTE

Speisen mit Meerblick. Beim beliebten Restaurant am kleinen Ortsstrand nahe den Kalköfen überzeugt vor allem das Tagesangebot, das der Kellner mündlich vorstellt – eine kleine Herausforderung an Ihre Spanischkenntnisse. Es gibt fangfrischen Fisch und manchmal Zicklein. *Tgl. | Ctra. los Pozos 8 | Tel. 9 28 85 19 69 | €€–€€€*

PUERTO DEL ROSARIO

EL PERENQUÉN
Das ideale Ziel für Ihren Imbiss beim Hauptstadtbesuch! Auf einer Terrasse mit Hafenblick serviert die nette Bedienung belegte Brötchen und Baguettes, kleine warme Gerichte, Getränke, Kaffee und Kuchen. *Mo–Mi, Sa 8.30–16, Do/Fr 8.30 Uhr bis nach Mitternacht | C/ García Escámez 5 | €*

INSIDER TIPP LA TERRAZA DEL MUELLE ●
Tafeln mit Meerblick: Das bietet die Terrasse in Puerto Rosarios Chillout-Zone am kleinen Strand. Trendy, aber solide Küche mit guten Portionen. *Di geschl. | Los Pozos | Ecke Guadiana | Tel. 9 28 86 16 35 | €€–€€€*

EINKAUFEN

LA BIOSFERA
Der Wochenmarkt im Obergeschoss des Busbahnhofs wurde speziell für Nahrungsmittel von der Insel ins Leben gerufen – ein ebenso frisches wie ökologi-sches Angebot. *Sa 9–14 Uhr | Estación de Guaguas*

LAS ROTONDAS ●
Zwischen erstem und zweitem Kreisel Richtung Süden unübersehbar ist dieses riesige Einkaufszentrum – ein Reiseziel für sich. Rund 100 Läden verteilen sich auf vier Etagen, eine Tiefgarage schluckt die Kundenfahrzeuge. Statt Rolltreppen verbinden kinderwagenfreundliche rollende Rampen die Etagen. Neben dem Üblichen (Kleidung, Sportartikel) finden sich Telefonläden, eine Buchhandlung und ein Hiperdino-Supermarkt.

AM ABEND

Wer unternehmungslustig ist, sollte sich für eine INSIDER TIPP Samstagnacht mal vom Cluburlaub loseisen, denn so schöne Kneipen und solches Latino-Tanzvergnügen wie hier (z. B. im *Mama Rumba*) gibt es sonst nirgends auf der Insel. Bars und Diskos öffnen allerdings häufig erst um 23 Uhr. Dabei ist lässig-elegan-

Sport- und Fischerboote dümpeln im Hafen von Puerto del Rosario

Puerto del Rosario

250 m
273 yd

Estación de Guaguas

Avenida Manuel Velázquez Cabrera

Pelayo
Hernán Cortés
Lope
Fontán
Gran Capitán
Colón

Cuartel de Infanteria

Mejico

Casa de la Cultura

Biblioteca

Calle de Mayo
Cand. del Castillo
Tomás de Aquino
Hispanidad

Av. de Juan de Bethencourt

Herbania el Bethencourt

C. Barranco Pilón
Calle de la Cruz
Avenida 1 Jesús y María

Domingo Peña
Almirante Lallermand
R. Gonzales Negrin

El Encharco

León y Castillo
Bachiller
Cervantes
Constitución
San Roque
Teniente Durán
Prof. J. T. Cabrera
M. Falla
J. J. Felipe
Doctor Fleming
C. Hermanos Machado
Secundino Alonso
García Escámez
Av. 23 de Mayo
Universidad Popular
Duero
Guadiana
Los Pozos

Parque Municipal
Pabellón de Deportes
El Cabildo
Insular Rosario
Casa Museo Unamuno
Ayuntamiento
Avenida 1 de Mayo
F. Castañeyra
Plaza de España

Av. de los Reyes de España

Puerto

OCEÁNO ATLÁNTICO

Muelle

Las Palmas de Gr. C.

te Kleidung angesagt, also keine Sandalen, Turnschuhe, Baseballkappen oder T-Shirts. Zudem bietet Puerto del Rosario einiges an „gehobener" Kultur, z. B. Aufführungen und Kunstausstellungen in der *Casa de la Cultura (C/ Ramiro de Maeztu 2)*. Entsprechende Veranstaltungen werden in der Stadt auf Spanisch plakatiert.

AMARILLO COLA/LA FARANDULA

Zwei Kneipen in einem Nebengässchen am untersten Abschnitt der León y Castillo. Man hört sie, bevor man sie sieht, denn beide sind mit ihren Freisitzen überaus beliebt; in der *Farandula* fühlen sich auch ältere Semester wohl. *Nur Do–Sa nachts | C/ Paquita Guerra Rodriguez*

CALLE 54

Ein vor allem beim Jungvolk beliebtes Tanzlokal – mit entsprechendem Musikprogramm. Am Wochenende herrscht reger Zulauf. Geöffnet wird erst nach Mitternacht. *Nordende der Calle Secundino Alonso, gegenüber der Sporthalle*

INSIDER TIPP ▶ MAMA RUMBA

Dieses schönste lateinamerikanische Tanzlokal der Insel glänzt mit einer wunderbaren, unkomplizierten Atmosphäre, in der sich Gäste jeden Alters und auch

Nichttänzer wohlfühlen. Eine der führenden Adressen für samstagnachts. *C/ San Roque 17 | nahe Cabildo Insular*

ÜBERNACHTEN

Als Übernachtungsort für den Urlaub eignet sich Puerto del Rosario nur bedingt, denn in der Stadt selbst gibt es keine Unterkünfte mit Sonnenterrassen, Pools etc. Man kommt allenfalls, um das Nachtleben am Wochenende zu genießen.

JM PUERTO ROSARIO

Eher ein Geschäftshotel, aber das einzige Komforthotel in zentraler Lage; fast alle der 88 Zimmer bieten Hafen- bzw. Meerblick. *Av. Marítima 9 | Tel. 9 28 85 94 64 | www.jmhoteles.com | €€*

TAMASITE

Das 16-Zimmer-Haus im Kneipenviertel rund ums untere Ende der Calle León y Castillo bietet sich für alle an, die mal eine Freitag- oder Samstagnacht in der Hauptstadt verbringen wollen. Für Früh-zu-Bett-Geher ist es weniger geeignet. *C/ León y Castillo 9 | Tel. 9 28 53 14 94 | www.hoteltamasite.com | €*

AUSKUNFT

PATRONATO DE TURISMO

Av. Marítima | am großen Kreisel gegenüber Calle León y Castillo | Tel. 9 28 53 08 44

ZIELE IN DER UMGEBUNG

CASILLAS DEL ÁNGEL (130 C1) (*ⱷ F6*)

Beachtenswert in dem kleinen Straßendorf zwischen Puerto del Rosario und Betancuria ist die weiße *Kirche Santa Ana (den Schlüssel zur Kirche gibt es im Haus Nr. 20 A, gegenüber vom Portal)* aus dem späten 18. Jh., deren barocke Eingangsfront aus schwarzem Lavagestein besteht. Sie wird von einem durchbrochenen Giebel gekrönt, der als Glockenturm dient. Der ornamentbeladene Altar zählt zu den künstlerisch bedeutendsten der Insel. Beachten Sie auch die schöne Kassettendecke im Mudéjarstil.

TEFÍA (130 C1) (*ⱷ E6*)

Von Casillas del Angel ist es (in Richtung La Oliva) nicht mehr weit zu dieser von Bergen umgebenen ländlichen Streusiedlung, in der einige Bauernhäuser res-

BÜCHER & FILME

Fuerteventura – Der Bildband (2012) von José Manuel Moreno mit spanisch-englisch-deutschem Text stellt die Insel als Biosphärenreservat vor.

Naturführer Fuerteventura – Eine von Naturfreunden lange empfundene Lücke füllt dieses Büchlein (2007) von Martin Lechner. Es stellt Tier- und Pflanzenarten vor, die man an den Stränden und im Bergland finden kann.

Exodus – Fuerteventura als Kulisse für das ganz große Kino! 2013 wurden die Außenaufnahmen zu dem Filmepos, das die Moses-Geschichte aus der Bibel auf die Leinwand brachte, auf der Insel gedreht. Viele Einwohner wirkten als Komparsen mit, dazu Hunderte von Pferden und Kamelen. Die Regie führte Hollywood-Altmeister Ridley Scott („Alien", „Blade Runner"). *www.exodusgodsandkings.com*

tauriert, zum ⭐ ● *Ecomuseo de la Alcogida* zusammengefasst und teilweise mit traditionell arbeitenden Handwerkern wiederbelebt wurden. Auch Tiere werden hier wieder gehalten. Mehr dazu

wurden, sind Relikte einer Epoche, als die Landwirtschaft hier noch bedeutend war und den Bewohnern sogar einen gewissen Wohlstand bescherte. Davon zeugt auch die 1745 geweihte Pfarrkirche von

Altes Handwerk: Korbmacher im Museum La Alcogida in Tefía

finden Sie im Kapitel *„Mit Kindern unterwegs"* (s. S. 108).

TETIR (126–127 C–D6) *(∅ F5–6)*
Von Puerto del Rosario aus kommt man auf der alten Hauptstraße Richtung Corralejo zunächst an dem alten Inselflughafen *Los Estancos* vorbei, dessen Rollfeld quer über die Straße führte und die deshalb bei jedem Start und jeder Landung gesperrt werden musste. Auf der linken Seite sind noch zwei Flughafengebäude erhalten.
Das Kirchdorf Tetir, einst Muttergemeinde von Puerto del Rosario, ist Mittelpunkt eines fruchtbaren Tales. Die Terrassenfelder an den Hängen, wo früher Getreide und Opuntien (Feigenkakteen) angebaut

Tetir, die *Iglesia de Santo Domingo de Guzmán,* mit einem schönen Barockaltar. Der charakteristische weiße Turm mit den dunklen Kanten kam allerdings erst 40 Jahre später hinzu. Auf dem Platz vor der Kirche erinnert ein Standbild an den Gründer der Banco de Canarias, einen Sohn des Ortes.
Lohnend ist ein Abstecher auf den 511 m hohen Berg ⚜ `INSIDER TIPP` *Temejereque* (127 D5) *(∅ F5)* nördlich von Tetir. Von der Sendestation auf der Gipfelkuppe genießt man bei klarer Sicht einen hervorragenden Weitblick über große Teile der Insel. Die Zufahrtsstraße zweigt ca. 1,5 km nordwestlich von Tetir ab. Folgen Sie hier dem Schild „Tamariche", dann geht es immer geradeaus.

DIE MITTE

Hier begegnet man Fuerteventura zum ersten Mal, denn hier – südlich von der Inselhauptstadt Puerto del Rosario – liegt der Flughafen. Der erste Eindruck ist ernüchternd: Zunächst sieht man wenig mehr als graugelbe Monotonie, in der streckenweise klobige Gewerbebauten herumstehen.

Die meisten Gäste entschwinden denn auch sogleich nach Norden oder Richtung Jandía nach Süden. Aber alle werden der Region später einen Besuch abstatten, denn hier liegen vier der fünf historisch bedeutsamen Hauptorte: Von Antigua, Betancuria, Pájara und Tuineje aus werden die gleichnamigen Gemeinden regiert. Zentrum des Fremdenverkehrs ist Caleta de Fustes nahe dem Flughafen. An den Buchten der Südküste reihen sich Fischerdörfer und das freundliche Gran Tarajal, die zweitgrößte Stadt der Insel.

Der Naturraum gliedert sich in ein weites, muldenförmiges Längstal und ein westlich davon bis 722 m aufragendes Bergland mit tief eingeschnittenen Tälern und schönen Palmenoasen. Hier wird noch etwas Landwirtschaft betrieben. Wichtigste Produkte sind Tomaten und Aloe vera.

ANTIGUA

(129 E3) *(∅ E7–8)* **La Antigua begrüßt von Norden Kommende noch vor dem Ort mit der historischen Windmühle neu eingerichteten Käsemuseums.**

Ruhige Fischerdörfer und Palmenoasen, hohe Berge und tiefe Täler in der historischen Mitte der Insel

Der Ort liegt inmitten eines weiten Tales. Seit dem ausgehenden 15. Jh. ließen sich hier andalusische und normannische Siedler nieder, die den fruchtbaren roten Lössboden kultivierten und im 18. Jh. La Antigua gründeten. Im 19. Jh. war das Kirchdorf sogar für zwei Jahre Sitz der Inselverwaltung.

La Antigua ist heute das Zentrum der gleichnamigen Landgemeinde, die mit der Feriensiedlung Caleta de Fustes auch vom Tourismus profitiert – ein Teil der Einnahmen floss in das große Sport-zentrum *(mit Ringkampfarena für die traditionelle lucha canaria)* im Südosten des Ortes.

SEHENSWERTES

IGLESIA DE NUESTRA SEÑORA
Die weiße Pfarrkirche, die der Jungfrau von Antigua geweiht ist, beherrscht das Zentrum des Gemeinwesens. Der ein-schiffige, große Bau mit Glockenturm wurde 1785 vollendet. Sehenswert sind die schöne Mudéjardecke des Chores

und der ockerfarbene klassizistische Altar. Palmen und Bäume beschatten den ansprechend neu gestalteten Vorplatz. *Tgl. 9–13 Uhr*

MUSEO DEL QUESO MAJORERO

Das Käsemuseum dokumentiert die traditionelle Herstellung von Ziegenkäse

INSIDER TIPP LA ERA DE LA CORTE ●

Das Hotel mit seinem exquisiten kanarischen Ambiente war ein Pionier in Sachen ländlicher Tourismus auf der Insel. Es gibt nur elf Zimmer in einem umgebauten alten Herrenhaus – ideal für Gäs-

Fischerboote im beschaulichen Pozo Negro

auf Fuerteventura und informiert auch über die geologische Entstehung der Insel. Vielen Inselkennern dürfte die Anlage eher unter dem Namen „Molino de Antigua" geläufig sein, und tatsächlich ist die kleine, hübsch restaurierte Mühle bis heute die wichtigste Landmarke und kann auch besichtigt werden. Schön ist auch die recht große Gartenanlage, die die Gebäude umgibt und rückwärtig aus einem lichten Palmenhain mit Kaktusgarten besteht. Zum Museum gehört auch eine Cafeteria mit einem kleinen Laden, in dem nicht nur Käse zu haben ist. *Di–Sa 10–18 Uhr | Eintritt 2 Euro | an der FV 20 nördlich der Stadt*

te, die Ruhe suchen und Strandtrubel verabscheuen. Abseits gelegen, daher nur sinnvoll in Verbindung mit einem Leihwagen. Es gibt einen kleinen Pool und einen schönen Innenhof. *C/ La Corte 1 | südl. der Stadt | Tel. 9 28 87 87 05 | www. eradelacorte.com | €€*

ZIELE IN DER UMGEBUNG

POZO NEGRO UND ALTKANARISCHES RUINENFELD VON ATALAYITA ●

Wer von der FV 2 auf die Stichstraße nach Pozo Negro einbiegt, gelangt nach 3 km an eine rechts abzweigende, neue Piste. Sie führt quer durch den schwarzen Lavastrom, der die Straße bis zur Küste begleitet, zur bedeutendsten Ruinenstätte aus altkanarischer, also vorspanischer Zeit: *Atalayita* (131 D5) (*🕮 F9*). Ausgrabungen haben links vom Ende der Piste eine große Zahl igluartiger, meist kleiner, unscheinbarer, aus Lavabrocken geschichteter Bauten zu Tage gefördert; manche wurden restauriert. Es handelt sich um eine Hirtensiedlung, wobei ein Teil der Lavaiglus wohl nicht als Wohn-, sondern als Vorratsraum und zum Trocknen von Fleisch gedient haben könnte. Vom 15. Jh. an kamen im Grundriss rechteckige, größere Bauten und Viehpferche hinzu. Ein kleiner Museumsbau gegenüber dem Eingang informiert über die Ausgrabungen (Prospekt auch auf Deutsch). Der Lavastrom, auf dem die Ziegen der Altkanarier ausreichend Futter fanden, entstand als Ausfluss des Lavafeldes Malpaís Grande bei einer der jüngsten Vulkanismusphasen vor etwa zehntausend Jahren. Vom 🔆 Gipfel des östlich der Iglusiedlung aufragenden Hügels überblicken Sie das gesamte Terrain.

Das Fischerdorf *Pozo Negro* (131 D5) (*🕮 G9*) („Schwarzer Brunnen") besteht aus kaum mehr als zwei Häuserzeilen an einer Bucht mit einem Strand aus schwarzen Kieseln und dunklem Sand. Zwei nette Bar-Restaurantes (€) mit Meerblick servieren frischen Fisch.

SAVIMAX (129 E3) (*🕮 E8*)

Auf dieser Aloe-vera-Plantage können Sie die seit alters beliebte Heilpflanze aus der Nähe betrachten und die daraus gewonnenen Produkte ab Fabrik auch gleich kaufen. *Von der FV 50 am Kreisverkehr bei km 5 Richtung Valles de Ortega, nach 150 m links aufs Grundstück*

TRIQUIVIJATE (130 C2–3) (*🕮 F7*)

Der östlich von Antigua gelegene Weiler ist an sich kein Ort, den man besuchen müsste – wäre da nicht das feine Restaurant *Antonia (Piedra Blanca 146 | Tel. 6 44 14 71 57 | antoniatriquivijate.com | €€€)*. Es öffnet nur auf Vorbestellung. Meisterköchin Kira Schilling sagt Ihnen am Telefon, was gerade Gutes zu haben ist. Man speist in einem herrlichen Innenhof oder in einem edlen Wohnzimmer.

BETANCURIA

(129 D3) (*🕮 D7*) **Dies ist der geschichtsträchtigste Ort der Insel. Gegründet wurde** ⭐ 🔵 **Betancuria 1405 von dem Normannen Jean de Béthencourt, der die Insel für die kastilische Krone erobert hatte.**

Hier, in einem fruchtbaren, von hohen Bergen geschützten Tal, fand er die geeignete Stelle für eine Residenz. Er selbst freilich reiste bald weiter; und auch ein

---

⭐ **Betancuria**
Kirche, Kloster, Kunsthandwerk – in dem alten Bergort lebt Fuerteventuras Geschichte fort
→ **S. 57**

⭐ **Barranco de las Peñitas**
Am Stausee entlang hinab in eine einsame Felsschlucht wandern → **S. 60**

⭐ **Pfarrkirche von Pájara**
Dorfkirche mit dem berühmten mexikanischen Barockportal
→ **S. 66**

⭐ **Oasis Park**
Abseits vom Strand im Zoo und im Kaktusgarten einen abwechslungsreichen Tag verbringen
→ **S. 69**

MARCO POLO HIGHLIGHTS

Bischof hat hier nie gewohnt, obwohl der Ort den Status einer Bischofsstadt besaß. Das nur über kurvenreiche Bergstraßen erreichbare Städtchen (700 Ew.) erfreut mit einem schönen Ortsbild und restaurierten alten Herrenhäusern. Das Leben ist aber stark vom Tourismus geprägt. *Parkplatz am südlichen Ortseingang, von dort Fußweg Richtung Kirche*

SEHENSWERTES

CASA SANTA MARÍA
Hier präsentiert sich das Schönste der Insel, und dies nicht nur in der großartigen ● INSIDER TIPP▶ Multivisionsschau und dem 3-D-Kino mit Unterwasseraufnahmen, den Hauptattraktionen *(letzte Vorführungen 15.15 Uhr)*. Interessant sind auch die historischen Fotos und bäuerliches Gerät sowie die Vorführung von Durchbruchstickerei; eine Freude ist zudem der schattige Garten. *Mo–Sa 10–15.30 Uhr | Eintritt 6 Euro | Zugang vorbei am gleichnamigen Restaurant | www.casasantamaria.net*

CONVENTO DE SAN BUENAVENTURA
Im Tal vor dem nördlichen Ortseingang steht die Ruine der Kirche eines im 17. Jh. errichteten Franziskanerklosters. Seit der 1836 angeordneten Säkularisierung der spanischen Klöster nutzten die Einwohner die Anlage als Steinbruch; daher fehlt z. B. der Kreuzgang. Gegenüber der Kirche steht eine Kapelle. Sie wurde vor einer Grotte im Hang gebaut, in der im 15. Jh. San Diego, ein wundertätiger Missionar, gelebt haben soll.

IGLESIA DE SANTA MARÍA
Die heutige, über dem Talgrund aufragende Kirche entstand um 1620 als Ersatz für die erste Kathedrale, die gleich nach der Ortsgründung errichtet und 1593 von Piraten zerstört worden war.

Der dreischiffige Hallenbau im inseltypischen Mudéjar-Stil (mit Holzdecke) birgt mehrere Altäre, darunter als schönsten den barocken Hauptaltar (1684). In der linken Nische des Altars an der Südwand (rechts vom Eingang, von innen gesehen) steht ein holzgeschnitztes Bildnis der Santa Catalina. Es gilt als eines der ältesten auf der Insel erhaltenen Kunstwerke. Sehenswert ist auch die Sakristei *(Zugang links vom Altarraum)* mit ihrer geschnitzten und bemalten Holzdecke. *Mo–Sa 10–12.30, 13–15.50 Uhr | Eintritt 1,50 Euro*

MUSEO ARQUEOLÓGICO
Das an der Durchgangsstraße gelegene Haus wird von jenen zwei Kanonen bewacht, die 1740 bei der siegreichen „Schlacht von Tamacite" gegen englische Piraten von eben jenen erbeutet werden konnten. Drinnen informieren Fotos und Texte (auch in deutscher Übersetzung) über die Ureinwohner und ihre Kultur. *Mo–Sa 10–18 Uhr | Eintritt 2 Euro | an der Hauptstraße*

ESSEN & TRINKEN

Für einen Imbiss bietet sich der Coffeeshop *Santa María (Plaza Santa Maria 1 | Zugang von unten | €)* an, der in einem separaten Gartenteil Getränke und Kuchen serviert. Mit Tapas in kanarischem Ambiente erfreut *Don Carmelo (zwischen Casa Santa María und Straße)* seine Gäste.

INSIDER TIPP▶ CASA SANTA MARÍA
Die Casa Santa María, mehrfach preisgekrönt, ist ein stilvolles Restaurant, ohne übertrieben vornehm zu sein. Vor allem die zwei Innenhöfe sind eine wahre Wonne. Die Küche serviert gehobene kanarische Gerichte. *Mo–Sa 10–18 Uhr, Mai geschl. | am Kirchplatz | Tel. 9 28 87 82 82 | www.casasantamaria.net | €€€*

EINKAUFEN

In mehreren Läden nahe der Kirche, besonders an der *Casa Santa María,* wird das beste und vielseitigste Kunsthandwerkssortiment der Insel geboten. Auch kulinarische Köstlichkeiten wie Kaktusmarmelade oder gute Fertig-Mojo u. a. sind hier zu haben.

ZIELE IN DER UMGEBUNG

TEGÚ 🔆 (129 D3) (🛱 D7)

Von der Passhöhe am Berg Tegú (645 m) nördlich der Stadt aus bietet sich ein sehr schöner Blick auf die alte Hauptstadt Betancuria, vor allem aber in die Weiten des Inselnordens. Der Aussichtspunkt mit Parkplatz wird überragt von zwei Monumentalfiguren, die die altkanarischen Könige (oder Häuptlinge) Guise und Ayose darstellen sollen – Heldenbildnisse von zweifelhaftem künstlerischem Wert. Ein noch beeindruckenderes Landschaftspanorama bietet der weiter oberhalb auf ca. 640 m Höhe gelegene Aussichtspunkt ● *Mirador Morro Velosa (Di–Sa 10–18 Uhr)* mit kleinem Museum und Café.

VEGA DE RÍO DE LAS PALMAS/ BARRANCO DE LAS PEÑITAS
(128 C3–4) (🛱 C–D8)

6 km südlich von Betancuria gelangt man zu der wohl schönsten Palmenoase der ganzen Insel. Die bäuerliche Siedlung wird auch kurz *Vega de Río Palma* genannt. Die *Dorfkirche (tgl. 10.30–13, 16–18 Uhr)* linker Hand aus dem 17. Jhs. birgt das größte Heiligtum der Insel: eine 23 cm kleine Alabasterfigur der Maria mit dem Kinde, der „Virgen de la Peña", die als älteste Marienfigur auf der Insel wahrscheinlich von dem Eroberer Jean de Béthencourt Anfang des 15. Jhs. aus Frankreich mitgebracht wurde. Als

600-jährige Geschichte: Betancuria

Schutzheilige der Insel ist die Jungfrau jedes Jahr im September Ziel der größten Inselwallfahrt. Am Kirchplatz bietet das Restaurant *Don Antonio (Di–So 11–17 Uhr | Tel. 9 28 87 87 57 | €€)* mit seinem schönen Innenhof Stärkung und Erholung.

Vom Südende der Oase aus führt eine der schönsten Wanderungen, die die Insel zu bieten hat, zur Felsschlucht des ⭐ *Bar-*

abzweigenden Piste). Erst oberhalb des Waldes, dann am zugeschwemmten Stausee *Embalse de las Peñitas* entlang, erreichen Sie nach weiteren 10 bis 15 Minuten die Staumauer. Jenseits davon senkt sich nun ein Pfad in zwei Kehren in die wildromantische Felsschlucht hinab. Nur wenige Minuten noch, und Sie erreichen die kleine, weiß getünchte Kapelle *Ermita de la Peña*, einen kühlen,

Ziel jeder Wanderung durch den Barranco de las Peñitas ist die Ermita de la Peña

ranco de las Peñitas. Man fährt dazu noch 400 m Richtung Pájara, biegt dann nach rechts ins Tal (Wegweiser „Vega de Río Palma") ab und parkt den Wagen nach 1,3 km, wo die Straße das Bachbett ein zweites Mal überquert. Von dort aus geht es zu Fuß im meist ausgetrockneten Bett talabwärts Richtung Stausee. Nach 15 Minuten, etwa dort, wo der Tamariskenwald beginnt, verlässt man das Bachbett nach rechts (noch etwas jenseits einer markanten, ebenfalls nach rechts

stillen Ort der Rast und inneren Einkehr. Zuweilen, wenn der Wind über die Felsen streicht, ertönt ein unheimliches Klagen, wie wenn ein unsichtbarer Geisterchor intonierte. Auf demselben Weg geht es dann zurück. Für die Wanderung braucht man mit Rast knapp 90 Minuten. Sie erfordert stellenweise Trittsicherheit. Nehmen Sie sich Wasser mit! Am Ausgangspunkt der Wanderung wartet die *Casa de la Naturaleza (Mo–Sa 10–17 Uhr | Ausstellung 3 Euro)* mit einer Ausstellung zur

Tier- und Pflanzenwelt (tolle Fotos und Multivisionsshow), einer Cafeteria (€€) und kanarischem Ambiente auf Sie.

ZIEGENFARM ● (129 D3) (*M D7*)

Vom Parkplatz der *Finca de Pepe* geht es mitten durch den Ziegenstall zur Käserei, wo die Verarbeitung der Ziegenmilch und die Herstellung des Käses vorgeführt werden. Natürlich können Sie die diversen Ziegenkäsevarianten und Ziegenmilchprodukte auch gleich kaufen. *Von der FV 30 gegenüber der Klosterruine 1,6 km bergauf*

CALETA DE FUSTES

(131 E3) (*M G8*) **An einer sich nach Süden öffnenden Bucht an der Ostküste, nur 7 km südlich des Flughafens, ist seit 1980 das Ferienzentrum Caleta de Fustes entstanden.**

Es ist stark britisch geprägt. In Prospekten, auf Karten und Schildern wird der Ort auch Costa Caleta, Playa de Castillo, Castillo de Fuste oder El Castillo genannt. Das „Castillo" verweist auf das *Castillo de Fustes*, einen runden Turm aus Naturstein, der um 1740 erbaut wurde und der Abwehr von Seeräubern diente. Heute ist er in das Bungalowhotel *Barceló Castillo Beach Resort* integriert.

SEHENSWERTES

DREAMS HOUSE MUSEUM

Eine ganze Industriehalle voller Modelle aller Art: Schiffe, Flugzeuge, Puppenstuben, Fantasyfiguren, Eisenbahnen und vieles mehr – spektakulär! *Di–So 10–18 Uhr | Eintritt 6 Euro | 2,5 km nach Norden (bei Ikea rechts ab) | dreamshousemuseum.es*

ESSEN & TRINKEN

Inselweit ohne Vergleich ist die schicke Gastronomie am Hafen – geprägt von modern-elegantem Ambiente mit der Grundfarbe Weiß sowie durchweg mit Blick aufs Wasser. Oben im Hafengebäude (mit Terrasse) speist man im Büfettrestaurant *La Ancla (nur abends | €€€)*, im Erdgeschoss finden sich das À-la-carte-Restaurant *El Camarote (€€)*, die Eisdiele *La Goleta* und die Bar *Noray*. Ganz vorn auf der Mole rundet die Loungebar *El Faro (tgl. 10–1 Uhr)* mit Panoramablick das tolle Angebot ab. Überall kann man drinnen und draußen sitzen *(Tel. für alle: 9 28 16 31 00)*. Im Ort gibt es jede Menge Lokale, aber keine mit Meerblick. Den bieten *La Perlita* im Nordosten des Strandes, das *Beach Café* am Hotel *Geranios* (beide nur Snacks) und weiter südlich die nette Strandbar INSIDER TIPP *La Isla (€€€)*. Auf einer künstlichen Insel im Süden der Bucht angelegt, ist sie nur über eine Brücke erreichbar; auch Menüs sind zu haben. Ein Tapaslokal mit kanarischem Ambiente, einer Palmenterrasse und zuweilen Livemusik ist *El Capitán (gegenüber vom Barceló Fuerteventura | Tel. 9 28 16 37 23 | €–€€)*.

EINKAUFEN

Ein großes, internationales Sortiment mit den gängigen Marken finden Sie in den Einkaufszentren. Samstags ist Markttag *(9–14 Uhr | im Westen nahe der Landstraße)*: Hier werden Schnitzereien, Kleidung, Schmuck und vieles mehr angeboten. Der beliebteste Supermarkt ist der *Eurospar Padilla (im CC Atlántico)*.

FREIZEIT & SPORT

Mit dem buntesten maritimen Angebot der Insel erfreut das *Oceanarium (Tel.*

9 28 54 76 87) am Hafen Jung und Alt: Ob Tretboot oder Jetski fahren, Hochseeangeln, Unterwassertörns per Halb-U-Boot sowie Ausfahrten zur Wal- und Delphinbeobachtung – hier haben Sie die Qual der Wahl. Von Pontons aus sind Fische aus der Nähe zu sehen: Füttert man sie, so kommen sie an die Oberfläche. Neueste Attraktion: das Schwimmen mit Seelöwen. Ebenfalls am Hafen liegt die Tauchschule *Deep Blue (Tel. 6 06 27 54 68 | www.deep-blue-diving.com).* Gerade gegenüber, am Westende des Strandes, finden Windsurfer ihr Ziel im *Fuerte Fun Center (seeseitig am Hotel Los Geranios | Tel. 9 28 53 59 99 | www.fuerte-surf.com);* es bietet Schulung und Verleih.

Drei Läden daneben bietet *Caleta Cycles (Tel. 6 76 60 01 90)* neben Fahrradverleih auch geführte Radtouren. Motorräder und Roller gibt's bei *East Coast Rides (Av. Juan Ramon Soto Morales | gegenüber dem Spielplatz im Keller | Tel. 6 93 24 92 45 | www.fuerteventurarides. com).* Den Knaller für Paare liefert aber

INSIDER TIPP ▶ *Cool Runnings (CC El Castillo | Parkplatzseite | Tel. 6 49 93 85 81 | www.fuertetrikes.com)* mit seinen „rollenden Sofas": Trikeausflüge mit Chauffeur oder für Selbstfahrer.

Der flache Strand eignet sich bestens für Kinder und Schwimmanfänger. Zu Kur und Wellness geht man ins ⬤ Thalassozentrum; es gehört zum Hotel *Barceló Fuerteventura*, ist aber für jeden offen, der sich für eins der zahlreichen Angebote begeistern kann: Schönheitsanwendungen, Schokotherapien, Weinmassagen, Ayurveda und Shiatsu, Algenbäder und viel Wohltuendes mehr.

Südlich des Ortes liegen zwei 18-Loch-Plätze nebeneinander: der *Fuerteventura Golf Club (Tel. 9 28 16 00 34 | www.fuerteventuragolfclub.com)* und der *Golf Club Salinas de Antigua (Tel. 9 28 87 72 72 | www.salinasgolf.com).* Der

erstgenannte ist der ältere und größere der beiden mit der längeren Strecke, doch beide haben Par 70, und bei beiden spielt man weitgehend mit Atlantikblick. Kurse gibt's auch mit deutschsprachigen Golflehrern.

AM ABEND

Jeden Abend Show oder Livemusik gibt's bei *Piero's (CC El Castillo | www. pieroscafe.com).* Cocktails mit Meerblick serviert das *Beach Café (bis 22 Uhr | Hotel Geranios | am Westende des Strandes).* Unübertroffen aber sind die Bars am Hafen. Dort schließt *El Faro* erst nach Mitternacht.

ÜBERNACHTEN

BARCELÓ CASTILLO BEACH RESORT

Die weitläufige Anlage besteht aus 390 Apartments und Bungalows – alle versehen mit einem eigenen Balkon oder einer eigenen Terrasse – und liegt unmittelbar am Strand, besitzt eine große Poollandschaft mit Meerwasser, die um den malerischen alten Festungsturm gruppiert ist, Süßwasserbecken, die im Winter beheizt werden, diverse Gaststätten, Tennisplätze und Animation. *Tel. 9 28 16 31 01 | www.barcelo.com | €€*

BARCELÓ FUERTEVENTURA

Hier ist für alles gesorgt: Karibikflair und Meerblick aus 462 Zimmern, direkter Strandzugang, riesige Pools (einer davon beheizbar), Minigolf, Tennis, Sauna, Animation für Groß und Klein und allerlei Finessen mehr. *Tel. 9 28 54 75 17 | www. barcelo.com | €€*

ELBA PALACE GOLF

Nur 61 Zimmer und edelstes kanarisches Ambiente. Im Hotel befindet sich der Zugang zum nördlichen Golfplatz.

Wofür brauchen wir Salz? Schautafeln im Salzmuseum von Salinas des Carmen

Am Westende des Golf Club Fuerteventura | Tel. 9 28 16 39 22 | www.hoteleselba.com | €€€

OFICINA DE TURISMO
Westlich vom CC Centro Castillo | Tel. 9 28 16 32 86

ZIELE IN DER UMGEBUNG

SALINAS DEL CARMEN UND PUERTO DE LA TORRE (131 E4) (*G8–9*)
3 km südlich von Caleta de Fustes gelangen Sie links ab zu den Salzgärten *Salinas del Carmen,* dem Kernstück des *Salzmuseums (Di–Sa 10–18 Uhr | Eintritt 5 Euro);* von der Landstraße fährt man gerade auf den Eingang mit dem Besucherzentrum zu, das man sich als erstes ansehen sollte, ehe man durch die Saline wandert, die zu Demonstrationszwecken weiter-

hin auf traditionelle Weise betrieben wird. Blickfang am Wasser ist ein Walfischskelett. Unten im Dörfchen hat sich **INSIDER TIPP** *Los Caracolitos (Mi geschl. | Tel. 9 28 17 42 42 | €)* einen Namen als eines der besten Fischlokale der Gegend gemacht. 1,5 km weiter südlich liegt das tief eingeschnittene, palmenbestandene Tal des *Barranco de la Torre* mit der Ruine einer alten Kalkbrennerei beim alten Hafen Puerto de la Torre im Mündungsbereich des Barrancos.

LAS PLAYITAS

(135 E4–5) (*E11*) **Der Name Las Playitas, „Die Strändchen", bezieht sich auf den geruhsamen Fischerort am Ende der Straße.**
Das größere der „Strändchen" aber, vom Ort durch einen kleinen Hügel getrennt, entwickelte sich zu einer neu-

en Urlaubsdestination vor allem für Familien mit Kindern und für Sportler. In dem alten Dorf mit seinem weißen, kubistisch wirkenden Ortsbild lockt es Besucher wie Einheimische an die bescheidene, gepflasterte Promenade und die kleine Hafenmole, wo noch Fischer ihren Fang anlanden.

ESSEN & TRINKEN

Im Dorf serviert *La Rampa de Tío Enrique* (*Di geschl. | an der Mole | €€*) kanarische Gerichte, auch fangfrischen Fisch, mit Seeblick. Das *Playitas Grand Resort* bietet zwei À-la-carte-Restaurants, bei-

An der Promenade von Las Playitas herrscht kein Gedränge

de mit Terrasse und Seeblick: *La Bodega* (*nur abends | €€*) mit spanischer Küche und die italienische *Trattorio Da Luigi* (*€– €€*); beide liegen an der Plaza Rambla nahe dem östlichen Resortteil namens *Playitas Hotel.*

FREIZEIT & SPORT

Das *Playitas Grand Resort* versteht sich als Sportdestination für Amateure wie auch für Profis und unterstreicht diesen Anspruch unter anderem mit einem wettkampftauglichen 50-Meter-Schwimmbecken. Außerdem dabei: Tennisplätze, ein großes Fitnesscenter, das *Cycle Center* mit Fahrradvermietung und organisierten Radtouren, die Tauchschule *Deep Blue* (*Tel. 6 53 51 26 38 | www.deep-blue-diving.com*) und die Surf- und Segelschule *Cat Company* (*Tel. 6 16 61 93 13 | www. catcompany.eu*), die auch Kajaks vermietet und Kindersegeln anbietet. Kern- und Schaustück des Sportresorts ist jedoch ein 18-Loch-Golfplatz. Er steht auch Nicht-Hotelgästen offen; Resortgäste erhalten allerdings eine Ermäßigung. Hier können Sie auch Golfunterricht für Anfänger und Fortgeschrittene (ganze Kurse oder Einzelstunden, auch auf Deutsch) buchen. Eine Driving Range und ein Putting Green vervollständigen das gute Angebot (Buchung über *www.playitas.info*).

ÜBERNACHTEN

PLAYITAS GRAND RESORT

Hier ist alles beisammen: ein familien- und kinderfreundliches Aparthotel (210 Einheiten) auf der westlichen Tal- und Strandseite, das elegantere *Playitas Hotel* (223 Zi.) gegenüber sowie die Bungalowanlage *Villas Playitas*. Alle drei umschließen den Golfplatz; die Hotels haben direkten Strandzugang. *Tel. 9 28 86 04 00 | www.playitas.info | €€–€€€*

ZIELE IN DER UMGEBUNG

INSIDER TIPP GRAN TARAJAL

(135 D5) (*☒ E11*)

Eigentlich zeichnet sich das kleine, verschlafene Hafenstädtchen (10 000 Ew., 5 km westlich von Las Playitas), dessen Name „Große Tamariske" bedeutet, durch nichts Besonderes aus. Wenn Sie aber einmal dagewesen sind, werden auch Sie vielleicht zu denen gehören, die immer wiederkommen. Vor der Ortseinfahrt passieren Sie einen großen, lichten Palmenhain, dann parken Sie den Wagen im Zentrum, lauschen für ein Weilchen dem Geplätscher des Brunnens auf dem schattigen Hauptplatz, flanieren ein paar Schritte auf der ● großzügigen Strandpromenade und lassen sich schließlich in einem der Lokale zu einer Rast nieder. Sie blicken über den schwarzen Sandstrand auf das glitzernde Meer, beobachten das Treiben am Strand und fühlen sich unendlich wohl ...

Für einen Imbiss mit Strandpanorama ist *Pizza & Pomodoro (€)* die beste Adresse an der Promenade: billig und gut. Der ● Strand von Gran Tarajal darf sich übrigens mit einer grünen Flagge schmücken. Sie steht für Nachhaltigkeit, also die Anwendung ökologischer Standards bei der Bewirtschaftung.

Bei Kilometer 39,7 an der Straße nach Tuineje – nördlich der großen Landstraßenkreuzung rechter Hand – kann man bei der Inselmolkerei *Quesería Maxorata* Ziegenkäse in vier verschiedenen Reifestufen erstehen.

PUNTA DE LA ENTALLADA
(135 E4) (*☒ F11*)

Bei Las Playitas zweigt nach Osten eine asphaltierte Straße ab. Sie führt zum 6 km entfernten Südostkap, der Punta de la Entallada, auf deren höchstem Punkt ein fotogener ☼ Leuchtturm steht.

Dekorativ: der Leuchtturm an der Punta de la Entallada

PÁJARA

(128 C4) (*☒ C–D9*) **Der recht gepflegt wirkende Weiler Pájara liegt in einem tiefen Tal. Die umgebenden, bis 600 m hoch aufragenden Berge halten die ausdörrenden Winde ab, und Schatten spendendes Grün erfreut das Auge.**

Der gesamte Südwesten der Insel wird von Pájara aus verwaltet, und man spürt den Wohlstand, den der Tourismus dieser Region gebracht hat. Der zeigt sich u. a. in dem modernen Rathaus und in der Existenz eines öffentlichen Freibades – des ersten auf der ganzen Insel.

Noch heute künden die kleinen Terrassenfelder an den umliegenden Hängen davon, dass hier früher intensiv Ackerbau betrieben wurde. Der Lössboden war fruchtbar, und die von einigen wenigen Grundeigentümern beherrschte Gemeinde wuchs und erarbeitete ihren weltlichen und kirchlichen Herren einen gewissen Reichtum. Als größtes Erbe jener Zeit blieb die Pfarrkirche erhalten. *Parkplatz im Barranco unterhalb von Kirche und Rathaus | Zufahrt von der Straße Richtung Betancuria aus*

SEHENSWERTES

PFARRKIRCHE VON PÁJARA ★

Das Hauptschiff der *Iglesia Nuestra Señora de Regla* wurde vom 17. bis Anfang des 18. Jhs. errichtet. Bekannt geworden ist die Kirche durch das schöne Portal im Stil des mexikanischen Barock mit aztekischen Elementen. Neben geometrischen Sonnenmustern erkennt man darauf Schlangen, Panther, Vögel. Lange wurde gerätselt, ob und wie ein solches steinernes Tor aus dem fernen Mexiko in dieses zu jener Zeit weltabgeschiedene Dorf gelangt sein könnte. Heute weiß man, dass der unbekannte Steinmetz seine Motive vermutlich aus einem italienischen Vorlagenbuch übernommen hat und weder die Steine noch gar das ganze Portal aus Mexiko stammen. Das dunkle Innere der zweischiffigen Hallenkirche ist mit einer schönen Holzdecke im Mudéjar-Stil versehen, der im Spanien des 14./15. Jhs. aus der Verschmelzung maurischer und gotischer Formen entstand und auf der Insel noch lange gepflegt wurde. Die schönen vergoldeten Barockaltäre wurden 1785 fertiggestellt. Scheint nachmittags die Sonne, wirken sie wie von Scheinwerfern angestrahlt – dank hoch oben eingebauter, vom Kirchenraum aus nicht sichtbarer kleiner Fenster. Ein Automat rechts hinterm Eingang lässt bei Bedarf für einen Euro auch echte Scheinwerfer leuchten. *Tgl. 10–17 Uhr, häufig auch kürzer*

LOW BUDGET

In Caleta de Fustes serviert das britische Lokal *Trafalgar (im Happy Center)* Hauptgerichte für 5 Euro – aber nur bis 19 Uhr.

Billiger geht's kaum: Im *Café Gala* in Caleta de Fustes *(CC Atlántico im Erdgeschoss, strandseitig)* kommt ein kleines Frühstück mit Milchkaffee auf nur 3,50 Euro, und das reichhaltigste Frühstück erreicht gerade mal 6,50 Euro. Auch die übrigen Preise sind äußerst zivil.

Der große Supermarkt *Padilla Eurospar* im CC Atlántico ist der beliebteste von Caleta de Fustes – wegen der niedrigen Preise und des großen Sortiments. Hier gibt's nicht nur Nahrungsmittel.

ESSEN & TRINKEN

INSIDER TIPP CASA ISAÍTAS

Aus der Ruine eines 200 Jahre alten Herrenhauses ist durch behutsame Restaurierung ein echtes Schmuckstück geworden: ein intimer Vier-Zimmer-Gasthof *(€€€)* mit zwei lauschigen Innenhöfen und einem stimmungsvollen, guten Restaurant, das vor allem mit seiner Auswahl an köstlichen Tapas glänzt. *Tgl. 10.30–16.30 Uhr | gegenüber vom Parkplatz unterhalb der Kirche | Tel. 9 28 16 14 02 | www.casaisaitas.com | €€ | Zimmer | €€€*

ZIEL IN DER UMGEBUNG

AJUY (PUERTO DE LA PEÑA)

(128 B3) (🗺 C8)

Das kleine Fischerdorf mit den zwei Namen ist ein beliebtes Ausflugsziel. Erst seit 1986 gibt es hier Strom und fließend Wasser. Wer eine leibliche Stärkung sucht, wird meist *Jaula de Oro (€€)*, den „Goldkäfig", ansteuern. Dessen erstklassige Lage direkt am Strand schlägt sich leider jedoch ungünstig in den Preisen und im Service nieder. Als preisgünsti-

Meer herausgespülten Höhlen. Gehen Sie über das Felsplateau nach Norden an früheren Kalköfen (zwei Schlünden unterhalb) vorbei und folgen Sie den Schildern „Caleta Negra" bis zu steil abwärts führenden Stufen. Sie enden in der größeren der zwei „Piratenhöhlen". Die zweite liegt gleich daneben. Beide sind Privateigentum, und es kann sein, dass Sie Eintrittsgeld zahlen müssen.

Ein zweites Ziel ist das eindrucksvolle **INSIDER TIPP** **Felstor**, das sich an der Mündung des nördlich von Ajuy liegenden

Wanderweg mit Meerblick bei Ajuy/Puerto de la Peña

ge Alternative bietet die *Casa Pepin (€)* weiter oben am Hang ebenfalls Meerblick von der Terrasse aus.

Puerto de la Peña ist Ausgangspunkt zweier kleiner Wanderungen. Über den vom Nordende des Strandes rampenartig auf die Felsen führenden Fußweg gelangt man über ein fast weißes Felsplateau mit seltsamen Auswaschungen zur Bucht *Caleta Negra* mit gewaltigen, vom

Barranco de la Peña erhebt. Man erreicht es, indem man oberhalb der Kalköfen einem breiten, aufwärts abzweigenden Weg folgt, zunächst oberhalb der Caleta Negra weitergeht, dann landeinwärts bis zur nächsten Fahrspur läuft und dieser nordwärts bis in den Barranco folgt (dann links). Vor dem Felstor liegt ein natürliches Schwimmbecken, in dem man sich abkühlen kann.

TARAJALEJO

(134 B5) *(≈ C12)* **An einem langge-streckten, dunklen Kiesstrand an der Südküste ist neben einem kleinen, schmucklosen Fischerort die einfache Feriensiedlung Tarajalejo entstanden.** Mittlerweile ist mit dem *Bahía Playa* direkt am Strand eine große Hotelanlage mit diversen Sportangeboten dazu gekommen.

LA BARRACA
Hier speisen Sie auf einer Terrasse direkt am Strand, und das zwar einfach, aber eben auch sehr preisgünstig. Guter Kaffee. *Di geschl. | C/ Isidro Díaz 14 | Tel. 9 28 16 10 89 | €*

FREIZEIT & SPORT

Das Windsurfcenter *Watersports-Fuerteventura (Tel. 9 28 87 51 10 | watersports-fuerteventura.com)* auf der Strandseite des Hotels bietet auch Katamaransegeln, Kajakfahren, Wellenreiten und Schnorcheln und vermietet Fahrräder. *Autos Rent (C/ La Marisma | Tel. 9 28 87 21 99)* vermittelt Touren auf Quads und auf den bodennäheren „Buggys".

ÜBERNACHTEN

BAHÍA PLAYA
Das einzige große Ferienhotel des Ortes wurde 2007 fertiggestellt. Es liegt direkt am Strand. Von den 163 Zimmern sind 79 geräumige Juniorsuiten. Drei Pools, Animation. *Tel. 9 28 16 10 01 | www.r2hotels. com | €€*

Anschauliche Handwerksgeschichte: Mühlenmuseum Tiscamanita

OASIS PARK ⭐ (133 B5) (*M C12*)

Anfang der Neunziger noch ein kümmerlicher Zoo, ist dies inzwischen nach den Stränden die wohl größte Attraktion der Insel. Hier kann man sich einen ganzen Tag vergnügen, und wer ein Jahr später wiederkommt, wird erneut staunen, was es alles gibt – zumal immer noch erweitert wird und Neues entsteht. Die Keimzelle, der Tiergarten, ist zugleich ein weitläufiger, schattiger Park mit hohen Bäumen und blühenden Sträuchern. Hauptziele sind die witzige ==INSIDER TIPP== ==Papageienshow== und drei Freilufttheater, je eins für Reptilien, Greifvögel und genial dressierte Seelöwen. Innerhalb des Geländes verkehrt ein offener Bus zu dem 16 ha großen Kaktusgarten mit über 2000 Pflanzenarten und dem Greifvogeltheater. Mehrere Gartenlokale, eine Pflanzenhandlung sowie ein gut sortierter Laden für Heim- und Gartenbedarf runden das Angebot ab – nicht zu vergessen die beliebten Kamelsafaris! *Zeiten und Preise siehe „Mit Kindern unterwegs"* (s. S. 109) *| an der FV 2 bei La Lajita*

TUINEJE

(129 D5) (*M D–E9*) **Der Ort Tuineje ist das touristische Aschenbrödel unter den alten Inselgemeinden. Hier werden unter anderem die Tomaten sortiert und verpackt, die im fruchtbaren Umland unter Sonnenschutzsegeln – als Wind- und Sonnenschutz und damit zur Minderung des hohen Wasserbedarfs – angebaut werden.**

Die Insulaner verbinden mit Tuineje die Erinnerung an ein ruhmreiches Ereignis: 1740 landete eine englische Freibeuterhorde beim heutigen Gran Tarajal und rückte plündernd nach Tuineje vor. Mit Hilfe von drei Dutzend Dromedaren, die als lebende Schutzschilde dienten, und mit nur fünf Gewehren bewaffnet, gelang es dem rasch zusammengetrommelten Häuflein von 37 unerschrockenen Bauern unter Führung des Inselkommandanten, die Hälfte der zahlenmäßig überlegenen, gut bewaffneten Eindringlinge zu erschlagen; der Rest ergriff die Flucht. Dabei wurden neben etlichen Musketen auch zwei Kanonen erbeutet; sie zieren heute den Eingang des Museums von Betancuria. Das Ereignis ging als „Schlacht von Tamacite" in die Annalen ein. In dem Städtchen bleibt das Gedenken an den großen Sieg auf zweierlei Weise lebendig. Zum einen birgt die zweischiffige, ursprünglich von einer Wehrmauer umgebene Pfarrkirche *San Miguel* (spätes 18. Jh.) eine bildliche Darstellung der Schlacht (zwei Tafeln am Altarsockel), zum zweiten stellt man das Ereignis alljährlich Ende September auf einer Fiesta mit einem aufwendigen Historienspektakel nach. Den Schlüssel zur Kirche erhält man gegenüber von deren Westseite in dem Haus, das eine auffällige Gedenktafel für eine fromme Nonne trägt.

MÜHLENMUSEUM (129 D4) (*M E9*)

In Tiscamanita, von Tuineje auf der FV 204 km nach Norden, können Sie sich das Mühlenmuseum *(Centro de Interpretación de los Molinos)* ansehen. In einer restaurierten Windmühle und den dazugehörigen Wirtschaftsgebäuden gewährt eine schön präsentierte Sammlung Einblick in die auf Fuerteventura traditionsreiche Geschichte des Müllerhandwerks und des Mühlenbaus. Als Gratisgabe erhält jeder Besucher eine Probe Gofio. *Di–Sa 10–18 Uhr | Eintritt 2 Euro | aus Tuineje kommend hinter der Bar Tío Pepe von der FV 20 links ab, dann rechts*

DER SÜDEN

Hier ist es: das Bilderbuch-Fuerteventura – nichts als Sonne, Sand und Meer. An den 20 km langen Stränden der Playas de Sotavento genießt man Meerblick aus (nahezu) allen Hotelzimmerfenstern. Draußen auf den Wogen setzen die bunten Segel der Windsurfer lustige Farbtupfer. Selbst bei den größten Feriensiedlungen, der Costa Calma im Nordosten und Morro Jable/Jandía Playa ganz im Süden, herrscht nie Gedränge am Strand, und dazwischen ist erst recht üppig Platz.

Überall ist die Brandung harmlos und der Wind beständig, aber selten unangenehm. An der Costa Calma und der Playa Barca bei den Lagunen weht es im Allgemeinen am stärksten. Weiter südlich dämpfen Berge die stete Brise ein wenig.

Für den Tourismus entdeckt wurde die Gegend ursprünglich von ein paar Deutschen, die in Morro Jable mit der noch bestehenden *Casa Atlántica* die erste Urlauberunterkunft schufen und zwei deutsche Reiseveranstalter erfolgreich auf die idealen Strände aufmerksam machten. Ein bald darauf auf ehemaligem Salinengelände erbautes Hotel wurde 1970 Domizil des allerersten Robinson Clubs. Dieser war treffend benannt, denn außer dem noch winzigen Morro Jable war die Halbinsel Jandía damals fast menschenleer. Schon die stundenlange Anfahrt von dem alten Flughafen Los Estancos westlich von Puerto del Rosario aus gestaltete sich regelmäßig zum Abenteuer. Die Schotterpiste schien den eingesetzten Bus – damals bereits ein echter Oldtimer

Bungalows und Badespaß auf der einen, menschenleere Weite auf der anderen Seite der Halbinsel Jandía

– jedesmal in seine Einzelteile zerlegen zu wollen.

Die Playas de Sotavento sind freilich nur die eine – oder eigentlich sogar nur eine halbe – Seite der Medaille, denn zum einen reicht die Halbinsel Jandía jenseits des Südkaps bei Morro Jable noch gut siebzehn Kilometer weiter nach Westen, und zum anderen darf man die langgestreckte, weltentrückte Nordwestküste nicht vergessen. Eine Jeepfahrt zu den dortigen weiten, leeren Sandstränden zählt zu den Höhepunkten eines Fuer-

teventura-Urlaubs. Zwischen den beiden Küsten liegt Bergland, das mit dem wolkenverhangenen *Pico de Jandía* den höchsten Gipfel der ganzen Insel aufweist (807 m).

Noch heute ist der größte Teil Jandías menschenleer. Wegen ihrer ökologischen Bedeutung wurde die gesamte Halbinsel zum Naturpark erklärt (mit Ausnahme der besiedelten Küstenstreifen). Besonders im Bereich des Istmo de la Pared mit seinem riesigen Windkraftpark wurden lange Zäune gezogen, um die gefrä-

Viel Sand und Sonne:
Strand an der Costa Calma

ßigen Ziegen fernzuhalten und der Vegetation wieder eine Chance zu geben.

COSTA CALMA

(133 F4) (*B12*) **Costa Calma, „ruhige Küste", nennt sich die breit hingestreckte Ferienzone auf dem Istmo de la Pared gleich am Anfang der Halbinsel Jandía. Hier ist Deutsch die erste Fremdsprache.** Der am weitesten östlich gelegene Teil ist auch als Cañada del Río bekannt. In dem flachen Terrain zu beiden Seiten der Hauptstraße ließ und lässt sich gut bauen, und so sind im Laufe der Jahre viele Bungalow- und Apartmentsiedlungen entstanden. Dazwischen liegen einige größere Hotels, die aber optisch relativ dezent gehalten sind. Überraschender Blickfang ist vielmehr ein sattgrüner Wald entlang der Landstraße.

Costa Calma ist weitläufig und ohne ein ansprechendes Ortsbild. Es gibt kein richtiges Zentrum, zwischen den verstreut liegenden Teilen der Ferienzone liegen Brachflächen. Trotzdem wird man als Gast kaum etwas vermissen. Vor allem kann man mit Strand und Wasser zufrieden sein. Das Meeresufer ist auf einigen Kilometern Länge tagsüber zwar recht bevölkert, doch liegt nur wenig Müll herum – offenbar sind die Gäste bereit, das Ihre zur Sauberkeit beizutragen –, und das Wasser ist, wie überall auf der Halbinsel, von beispielhafter Qualität.

ESSEN & TRINKEN

Die Speiselokale liegen verstreut , doch gleich mehrere gute Adressen finden sich in der Calle Risco Blanco und den nahegelegenen Einkaufszentren *Costa Calma* und *Bahía Calma*. In letzterem lockt das *Boardriders (tgl. | €)* vor allem jüngere Leute an. Dort können Sie ab 8 Uhr mit etwas Meerblick frühstücken, und Tagesausklang ist erst um Mitternacht. Ebenfalls vom Frühstück bis zum Schlaftrunk beliebt ist das *Fuerte action (CC El Palmeral nahe der Tankstelle)*. Viel gelobt wegen seines frischen Gebäcks wird das *Café Berlin* im *CC Botánico*. Eine Etage höher erhalten Sie bestes italienisches Speiseeis im *Casa Nostra*. Im Palmenwald versteckt sich Paco's Biergarten *El Guanche*, wo man Currywurst und deutsches Bier bekommt und sonntags ab 13 Uhr getanzt wird *(von der Avda. Jahn Reisen beim Zebrastreifen nahe der Apotheke reingehen)*.

ARENA

Freundlich und gut, kaum teurer, aber besser als das *Mamma mia* gegenüber. *Sa geschl. | CC Costa Calma | €–€€*

EL CAMINO

Das helle Interieur spielt mit witzigen Stilbrüchen, die Küche bietet auf traditioneller Basis manch Spannendes: von Tapas über Salate und Stierfleisch bis zu Mousse mit Gofio. Die eher klein gehaltenen Portionen ermöglichen eine breitere Auswahl. Und vertrauen Sie den Weinempfehlungen! *Ab 16 Uhr, Mi geschl. | C/ Risco Blanco 2 | Tel. 9 28 07 40 86 | www.el-camino.es | €€–€€€*

EL DIVINO

„Das Himmlische" – der Name weckt hohe Erwartungen, und siehe da: Sie werden erfüllt! Dies gilt gleichermaßen für das schöne Interieur wie für die sich hinabstufende Terrasse, die romantisch mit Fackeln beleuchtet wird, wie auch für die feinen Gerichte, die eine kluge Brücke von den Kanaren nach Mitteleuropa schlagen und die für ihre gute Qualität erstaunlich preisgünstig sind. *Nur Mi–Mo abends | C/ Risco Blanco | Tel. 6 19 10 33 42 | €€*

GALERIA

Freundliches deutsches Lokal, das auch Tapas serviert. Die rückwärtige Terrasse mit etwas Meerblick kann bei Bedarf beheizt werden. *Di–So ab 18 Uhr | C/ Risco Blanco | 3. Straße südlich vom CC Bahía Calma | Tel. 9 28 87 54 16 | €€*

EINKAUFEN

Über die Ferienzone verteilen sich sieben meist kleine Einkaufszentren. Den größten Supermarkt finden Sie im neuen *CC Bahía Calma*. Das größte Sortiment an Armbanduhren, Schmuck, Kosmetik und Sonnenbrillen führen die Läden im *CC Sotavento* (gegenüber vom Hotel *Taro Beach*). Am interessantesten ist das *CC El Palmeral* nahe der Tankstelle. Dorthin locken u. a. *Freestyle* mit Sportkleidung, der Surferladen *Fuerte action* und das tolle Schmuckgeschäft *1. Stone*.

In der **INSIDER TIPP** *Boutique Tangente* (im Hotel Costa Calma Palace, eine Etage unter der Rezeption) verkauft Bea Stein,

---

⭐ **Playa Barca**
Südlich von Costa Calma schufen Wind, Sand und Wellen ein herrliches und fast endloses Stück Badestrand → S. 79

⭐ **Dünen bei Risco del Paso**
Sanddünen und lauschige Mulden am Südende der Lagune → S. 80

⭐ **Westkap und Cofete**
Ein großartiger Aussichtspunkt, einsame Strände: Hier erlebt man die Insel in ihrer rauen Ursprünglichkeit – und darf nebenbei über die geheimnisvolle Villa Winter spekulieren → S. 89

MARCO POLO HIGHLIGHTS

die seit Jahren auf der Insel lebt, originelle, aber tragbare Kollektionen in den Größen 36–50. Fragen Sie auch nach ihren Modenschauen.

Vielseitige Urlaubslektüre und interessante Literatur über die Kanaren fin-

Beach | Tel. 9 28 87 56 30 | www.xtreme-car-rental.com) bietet Quad- und Buggytouren an und vermietet ebenfalls Fahrräder. Ob mit Motor- oder Muskelkraft: Die INSIDER TIPP geführten Touren sollte man sich nicht entgehen lassen.

In den für Surfer und Kitesurfer ausgewiesenen Zonen ist Baden gefährlich

den Sie in der hervorragend geführten INSIDER TIPP deutschen Buchhandlung im *CC Costa Calma*.

Der vorwiegend afrikanische Markt, der im Wochenturnus über die Insel zieht, macht in Costa Calma mittwochs und sonntags Station *(9–14 Uhr | am unteren großen Kreisel)*.

FREIZEIT & SPORT

FAHRRAD/MOTORRAD

Volcano Bike (Tel. Ralph 6 39 73 87 43 | www.volcano-bike.com) liefert das Geländerad bis vors Hotel und bietet auch geführte Touren. Enduro- und Quadtouren abseits der Straßen veranstaltet *Sahara Sports (Tel. Frank 6 69 79 71 62 | www.enduro-guru.com)*, auch Enduro-Vermietung. *Xtreme (am Hotel Taro*

JETSKI, WASSERSKI

Und vieles mehr: Tretboote, Bananenboot (und solche für Kinder, die dann „Hot Dog" heißen), Kajaks, Wasserski und allerlei andere Wasservergnügungen gibt es bei einer gut geführten Station im nördlichen Strandbereich beim Hotel *Barlovento (Tel. 6 16 43 71 84 | www.excursionesmarytierra.com)*.

TAUCHEN

Simona und Kay betreiben im Hotel Costa Calma Beach das *Fuerte Divers (vorletztes Hotel vor dem Nordende des Strandes | Zugang durch den Hotelgarten | Tel. 6 28 01 77 17 | www.fuertedivers.com)*. Ihre Schule verfügt über zwei kräftig motorisierte Schlauchboote, mit denen auch versunkene Wracks zum spannenden Wracktauchen angesteuert werden.

WELLENREITEN

Zum echten Surfen, dem rasanten Reiten auf der Brandungswoge *(surf)*, lässt man sich von einem der in La Pared ansässigen Anbieter vom Hotel abholen, z. B. von *Waveguru* (s. S. 78). Dafür geeignete Wellen gibt es nämlich nur an der Westküste Fuerteventuras. In Costa Calma selbst kann man sich bequem an *Rapa Nui (CC Bahia Calma | Tel. 9 28 54 91 49 | www.rapanui-surfschool. com)* wenden, die Surfschule mit der Cafébar *Boardriders*.

WINDSURFEN

Am Strand nahe dem Hotel Costa Calma Palace hat die Surfschule *Club Mistral (Tel. 6 61 34 96 89 | www.club-mistral-fuerteventura.com)*. Kurse werden außer auf Englisch auch auf Deutsch angeboten. Kitesurfen ist hier ebenso mit im Programm wie am international bekannten Windsurfrevier der Playa Barca (129 E4) *(*🗺 *B12)*, wo das renommierte *Pro Center René Egli (am Hotel Meliá Gorriones | Tel. 9 28 54 74 83 | www.rene-egli.com)* aktiv ist.

AM ABEND

Viel ist zu später Stunde an der Costa Calma nicht los, aber ein paar Ziele gibt's dann doch. Dicht beisammen liegen die Bar *Synergy (Mo–Sa ab 19 Uhr, Mi Salsa-Abend mit Tanzkurs | CC Costa Calma 18)*, die Cocktailbar *B Side (oben im CC Bahía Calma)* und eine Etage tiefer das Surferlokal *Boardriders*, das Cocktails auch auf der Terrasse serviert. Donnerstagabends ist Surferparty in der Waveguru-Bar *Green Room (CC Internacional bei der Tankstelle)*. Als wohl schönstes Ziel für Nachtschwärmer lockt die **INSIDER TIPP** **Bar-Lounge El Divino** *(Do–Sa ab 22 Uhr | C/ Risco Blanco)* neben dem gleichnamigen Restaurant. Die klasse Stimmung

und ein gelungenes Ambiente sprechen ein größeres Altersspektrum an, Touristen mischen sich mit Spaniern und Residenten. Besonders ältere Deutsche ziehen den *Inselkeller* vor *(unten im CC Costa Calma)*.

ÜBERNACHTEN

BAHÍA CALMA

Die leuchtend weißen, klug gestalteten 75 Bungalows und 30 Apartments gruppieren sich um einen Pool; Strand, Restaurants und zwei Einkaufszentren sind nahe bei. Nachts wird man vom Rauschen der Palmen in den Schlaf gewiegt. *Tel. 9 28 54 71 58 | €€*

COSTA CALMA PALACE

Wahrlich ein Palast: Bis zu neun Etagen hoch und 300 m lang, ist das Vier-Sterne-plus-Hotel mit der riesigen Halle das dominierende Gebäude am Ort. Die Gäste, zumeist Ruhe suchende Erwachsene, genießen den Meerblick aus allen 370 Zim-

LOW BUDG€T

Alle Tauchschulen bieten gratis Schnupperkurse an. Zwar geht es nur auf den Grund des Hotelpools, doch hat man hinterher eine Ahnung davon, wie die Sache läuft.

Die Pizzeria *Mamma mia (im CC Costa Calma)* bietet ein Drei-Gänge-Tagesmenü zu 9,99 Euro – inklusive Getränk.

Oh, là là! Gerade einmal 2,50 Euro nimmt das *Café Oh là là (im CC Costa Calma)* für ein kleines Frühstück – weniger geht nicht.

mern, das Frühstück unter Palmen und ein umfangreiches Wohlfühlangebot mit Meerwasserhallenbad und Thalassotherapie. Zum Komplex gehören zwei Tennisplätze und eine Golfübungsanlage. *Av. Jahn Reisen | Tel. 9 28 87 60 10 | www. sbhfue.com | €€€*

MARYVENT

Die 45 unterschiedlich großen Apartments für Selbstversorger liegen direkt am Strand auf drei Stockwerke verteilt, verfügen über eigene Küchen und Balkone resp. Terrassen und haben meist auch Meerblick. *Unterhalb des Einkaufszentrums Bahía Calma II | Tel. 9 28 54 73 92 | www.maryvent.de | €€*

MELIÁ GORRIONES (129 D5) (*Ø A13*)

Die Lage fern anderer Bauten in einem Naturschutzgebiet oberhalb der Lagune der Playa Barca ist konkurrenzlos schön. Im Innern des 418-Zimmer-Hotels geht es stilvoll weiter. Schon die Halle fasziniert durch ihre Ästhetik. Ein Plus sind die geräumigen Familienzimmer. Zum Haus gehören die Surfschule *Egli* und eine Tauchschule. Eine weitere Attraktion ist der große, gepflegte, schattige Garten mit drei Pools. Animation, Kinderbetreuung, ein Spa-Bereich und mehrere Bars runden das Angebot ab. *Tel. 9 28 54 70 25 | www.melia.com | €€*

PLAYA ESMERALDA

Zu den Pluspunkten des komfortablen 333-Zimmer-Hauses zählen der direkte Strandzugang, die gute Küche, die günstigen Preise und ein Hallenbad für unfreundliche Tage. *Am Südende der Siedlung | Tel. 9 28 87 53 53 | h10hotels.com | €€*

RISCO DEL GATO

Das kleine, aber feine Bungalowhotel (51 Wohneinheiten) galt bei der Eröffnung als architektonische Sensation. Hier wohnt man ausschließlich zu ebener Erde in Bungalows, deren schalenförmige Dächer die intimen Sonnenterrassen vor dem steten Nordostpassat und fremden Blicken schützen. Die Anlage verfügt über Schwimmbecken, Sauna, Tennisplatz, Cafeteria und Restaurant. *Am Südrand des Ortes | Tel. 9 28 54 71 75 | www. vikhotels.com | €€€*

FEHLINVESTITIONEN

Die enormen Tourismuseinnahmen mancher Inselgemeinden haben die Sitten verdorben. Während der Bürgermeister von La Oliva mit einem prachtvollen, doch kaum genutzten Freibad das Wahlvolk betörte und seine Wiederwahl sicherte, verfällt die Casa del Inglés, ein stattliches Herrenhaus an der Ortsausfahrt nach Corralejo, immer mehr. Auch Investitionen in den Tourismus waren nicht immer glücklich. Herausragende Beispiele sind die Baugruben und halbfertigen Straßen nördlich von El Cotillo: Zeugnisse illegaler Bauvorhaben, die nach einem Wechsel im Bürgermeisteramt nicht mehr weiter verfolgt wurden. Bis zur „fertigen" Bauruine gedieh eine illegale Siedlung an der Nordküste bei Majanicho. Nördlich von Caleta de Fustes wurde eine Feriensiedlung namens *Costa de Antigua* ins Niemandsland gesetzt. Teile der nie fertiggebauten Anlage stehen leer, darunter ein aufwändiges Spaßbad.

SOLYVENTURA

Die 18 Wohneinheiten dieser exklusiven Anlage unter deutscher Leitung verfügen über große Privatterrassen, bieten Seeblick sogar vom Bett aus und direkten Strandzugang. Wer im Urlaub nicht nach Trimmraum oder Disko fragt, vielmehr eine persönliche Atmosphäre sowie eine schöne, ruhige Lage mit freier

TARO BEACH HOTEL

Hier ist richtig, wer Gesellligkeit sucht. Das terrassenförmige Hotel liegt direkt am Strand. Fast alle 249 Zimmer haben Meerblick und eigene Sonnenterrassen. Meerblick genießen die Gäste auch am großen Pool im Zentrum der Anlage und vom Liegebereich drum herum; ihn säumen schattenspendende Palmen. Wie

Pool mit Palmen: Hotel Costa Calma Palace

Sicht aufs Meer bevorzugt, ist hier genau richtig. *C/ Punta de Barlovento 22 | Tel. 928 54 71 65 | www.solyventura. com | €€€*

SOTAVENTO BEACH CLUB

Schöne Anlage mit direktem Strandzugang und eher zurückhaltender Animation – bei großem Sport- und Freizeitangebot. Einige der geräumigen 310 Apartments haben Meerblick, alle eigene Terrassen bzw. Balkone. Eigene Tauchschule im Haus. *Tel. 928 54 70 60 | www. sotaventobeachclub.com | €€€*

üblich, gibt es gibt ein reiches Angebot an Animation, Sport und Unterhaltung. *Tel. 928 54 70 76 | www.sbhfue.com | €€*

ZIELE IN DER UMGEBUNG

LA PARED (133 F3) (*B11*)

Bei Costa Calma bildet der wüstenartige *Istmo de la Pared* („Landenge der Mauer") die schmalste Stelle der Insel. Die besagte Mauer soll einer Theorie zufolge quer über den Isthmus hinweg zwei Königreiche der Altkanarier getrennt haben, doch hierfür gibt es keinen Beweis.

Nur unscheinbare Reste sind von ihr erhalten. Nach dieser Mauer ist diese Siedlung an der Westküste benannt – ein Ort für Individualisten. Als Hauptsehenswürdigkeit muss eine kuriose Prachtstraße gelten: Daran steht kein einziges Haus, aber auf dem üppigen Mittelstreifen sind Hunderte von Sitzplätzen. Wer nach La Pared kommt, möchte hier entweder fern vom Trubel wohnen (Ferienwohnungen siehe *www.fuerteventura-meineliebe.com*) oder ist zum Wellenreiten da. Dafür nämlich ist die Westküste – hier: der Strand *El Viejo Rey* – die richtige Adresse. Der älteste von mehreren Anbietern ist *Waveguru (Tel. 6 19 80 44 47 | www.waveguru.de)*. Die Schule unterhält ein strandnahes Surfcamp, in dem Kursteilnehmer gratis wohnen können. Das kanarische Restaurant *Bahía La Pared (€€)* bietet frischen Fisch mit Meerblick, wunderschön bei Sonnenuntergang. Nördlich des Barrancos liegt es am Ende einer Piste nahe einer Felsnase, durch die Wellen ein Tor genagt haben. Bei Flut und bewegter See schießen die Wassermassen schäumend durch die Naturdüse. An dem Strand lohnt es sich, ein wenig zu verweilen: In kleinen Becken, die die Flut aus dem flachen Sedimentgestein gewaschen hat, schwimmen bei Ebbe scheue Fischchen oder ziehen Würmer seltsame Spuren, ockerfarbene Felsen, schwarze Kiesel und rötlicher Sand bilden wechselnde Muster und Kontraste, und oben auf dem Felstor verdunstet die hoch aufgespritzte Gischt in natürlichen Salzpfannen.

Der Reitstall *Rancho Barranco de los Caballos (Tel. 9 28 17 41 51 | Tel. 6 19 27 53 89 | www.reiten-fuerte.de)* bei km 20,5 links der FV 605 Richtung Pájara bietet erfahrenen Reitern **INSIDER TIPP** wunderschöne Ausritte durch das weitgehend menschenleere Terrain an der wilden Westküste. Und schließlich muss die

Golf-Akademie (s. S. 104) erwähnt werden, die auch Einführungskurse gibt.

Biegen Sie von der Landstraße, aus Costa Calma kommend, nicht nach links in den Ort, sondern beim Schild „Queso artesano" nach rechts ab, so gelangen Sie über eine Piste nach 1,4 km zur *Quesería La Pastora (Mo–Sa 8.30–13, 16.30– 18.30 Uhr)*, wo Sie etwas über die Herstellung von Ziegenkäse erfahren und selbigen auch günstig kaufen können.

MIRADOR DE SOTAVENTO ✱
(134 A–B6) (🏵 C12)

Der *mirador* („Aussichtspunkt") ist vor allem ein Restaurant – und ein treffend benanntes. Man speist auf einer 🟠 überdachten, windgeschützten Terrasse mit Fernblick über Küste und Meer. Spezialität: Reisgerichte. *Mi–Mo ab 13 Uhr | rechts der Landstraße nach La Lajita*

Sinfonie in Braun und Gelb an der rauen Westküste: Strand bei La Pared

(auf altes Straßenstück abbiegen) | Tel.
9 28 94 96 95 | €€

PLAYA BARCA ⭐
(133 E4–5, F4) *(🅜 A13/B12)*
Dieser mittlere Abschnitt der Sandstrände, an deren Nordende die Costa Calma liegt, ist der schönste Teil der Playas
de Sotavento. Hier hat sich hinter einer
kaum 20 m schmalen, doch 4 km langen
Nehrung eine bis über 500 m breite Lagune ausgebildet. Sie ist leicht zu durch-
waten und fällt bei Ebbe weitgehend
trocken. Die Nehrung wird manchmal
überflutet; passen Sie auf, dass Ihre Sachen nicht wegschwimmen! Einzige größere Baulichkeit ist das Hotel *Meliá Gorriones* (s. S. 76). Die Playa Barca gilt
als eines der besten Windsurfreviere der
Welt. Jedes Jahr im Juli finden hier Welt-
meisterschaften statt.

ESQUINZO/ BUTIHONDO

(133 D6) *(🅜 D3)* **Von der neuen Autobahn führt die Ausfahrt Butihondo zu
zwei separaten Feriensiedlungen. In
dem der Ausfahrt nächstgelegenen Teil
geht es links zum Robinson Club und
rechts zu mehreren großen Hotelanla-
gen.**
Folgt man aber im Kreisverkehr dem
Schild „Farmacía", so gelangt man über
die alte Landstraße zum älteren Teil von
Esquinzo. Hier wie da ist das Terrain ab-
schüssig, sodass es in den Unterkünften
viele Zimmer mit Meerblick gibt. Da die
Straße weiter oben verläuft, herrscht zudem überall Ruhe – und außerhalb der
Anlagen auch sonst vergleichsweise we-

nig Trubel. Nach Morro Jable/Jandía Playa bestehen bis zu zweimal stündlich Busverbindungen (ab Landstraße).

ESSEN & TRINKEN

INSIDER TIPP MARABÚ

Wer im Süden im Tourismus arbeitet, führt hierher seine Gäste aus. Denn hier stimmt alles: die Atmosphäre, die Bedienung, das gute Preis-Leistungs-Verhältnis sowie Auswahl und Qualität der Speisen: kanarische und internationale Gerichte, frische Zutaten, gute Weine. Terrasse. *So geschl. | C/ Fuente de Hija | ab Landstraße geradeaus abwärts | Tel. 9 28 54 40 98 | e-marabu.com | €€€*

FREIZEIT & SPORT

Unterhalb der Siedlungen zieht sich der lange Strand Playa de Esquinzo hin (viel FKK). Zum Robinson Club gehören eine Segelschule (mit Katamaranen), eine Windsurfschule und Tennisplätze (mit Schulung). Clubfremde wenden sich in Sachen Tennis (auf Kunstrasen-Quarzsandplätzen) und Schwimmunterricht an *Matchpoint Sports (im Garten von Fuerteventura Princess | Tel. 9 28 54 43 07 | www.matchpoint-world.de).*

AM ABEND

Im älteren Teil Esquinzos trifft man sich in der *Safari Bar* am Pool von Monte del Mar.

ÜBERNACHTEN

ESQUINZO/MONTE DEL MAR

Die zwei benachbarten Anlagen stehen unter gemeinsamer Leitung. Beide sind strandnah, beide haben einen kleinen Pool. Zum *Monte del Mar* gehören auch ein Kaufladen und die beliebte *Safari Bar* sowie das Restaurant *El Marinero*. *140 Wohneinheiten | C/ Escanfraga 2 | Tel. 9 28 54 40 75 | info@canariasturistica.eu | €€*

FUERTEVENTURA PRINCESS/ CLUB JANDÍA PRINCESS

Die zwei Vier-Sterne-Anlagen umfassen je ein großes Haupthaus, zweigeschossige, locker im Garten verteilte Wohnbauten und eine Poollandschaft mit Restaurants und Barpavillons. Bei beiden besticht die kanarische Optik mit weißen Wänden und dunklem Holz. Besonders das Haupthaus des *Fuerteventura Princess* mit seiner riesigen Halle ist eine innenarchitektonische Offenbarung. Das *Jandía Princess* wird als All-inclusive-Club geführt, gegliedert in eine kinderfreie Zone und in eine für Familien mit Kindern. Es hat 528, das *Fuerteventura Princess* 715 klimatisierte Zimmer, jeweils mit Telefon und mit eigenem Balkon oder Terrasse, häufig mit Meerblick; dazu gibt's Tennisplätze, eine Sauna, Animation und direkten Strandzugang. *Fuerteventura Princess: Tel. 9 28 54 41 36 | Jandía Princess: Tel. 9 28 54 40 89 | www.princess-hotels.com | €€€*

ROBINSON CLUB ESQUINZO PLAYA

Der neuere der zwei Robinson Clubs auf der Insel bietet Platz für 1000 Gäste und ist vor allem auf Familien zugeschnitten. Animation und Kinderbetreuung sind perfekt. Ein Teil der Anlage ist Ruhezone. Direkter Strandzugang. *Tel. 9 28 16 80 00 | www.robinson.com | €€€*

ZIEL IN DER UMGEBUNG

DÜNEN BEI RISCO DEL PASO ⭐

(133 E5) (*ⓂⒶ A13*)

Bei Risco del Paso (Abzweigung von der Landstraße auf eine asphaltierte Piste bei km 71,8) endet die Lagune der Playa Barca. Die Attraktion dieses Strandabschnittes – des schönsten auf der ganzen Insel – sind zwei kleine Sanddünen, begrünte Sandhügelchen und lauschige Mulden. Hier tummeln sich viele FKK-Anhänger. Das Meer vor Risco del Paso ist ein beliebtes Surfrevier mit einem Ableger der Station vom *Club Mistral.*

MORRO JABLE/JAN-DÍA PLAYA

(132–133 C–D6) (⋈ C–D3) Der Doppelort Morro Jable/Jandía Playa am südlichsten Punkt von Fuerteventura ist das größte touristische Zentrum der Insel. Er besteht aus zwei sehr unterschiedlichen Teilen.

Morro Jable (auch: Morro del Jable) ist ein nicht eben altes, dennoch traditio-nelles Hafenstädtchen in recht schöner Lage. Östlich davon, jenseits eines Hügels, der mittlerweile allerdings bereits vollständig bebaut ist, bilden Hotel- und Apartmentkomplexe eine große Feriensiedlung, für die sich in deutschen Reisekatalogen die Bezeichnung Jandía Playa oder kurz Jandía eingebürgert hat. Die offiziellen Namen sind *Solana de Matorral* oder *Solana de Jandía.* Der dazugehörige Strand ist die *Playa de Matorral.*

Jandía Playa besteht im Wesentlichen aus einer repräsentativ angelegten, begrünten Hauptstraße parallel zur Küste, an deren einer Seite sich gegen den Hang gebaute, oft terrassiert angelegte Hotel- und Apartmentkomplexe hinziehen. Hier gibt es auch jede Menge Bars, Restaurants und Läden, sodass sich vom Hotel *Stella Canaris* im Osten bis zum klobigen älteren Shopping Center *Cosmo* im Westen eine lebhafte Flaniermeile herausgebildet hat, auf der besonders abends recht viel los ist. Gegenüber liegt

Blütenpracht an der Uferpromenade von Morro Jable

eine geschützte Salzwiesenzone und dahinter der Strand.

Kleiner, ruhiger, stimmungsvoller und näher am Wasser ist die Strandpromenade, die am Robinson Club beginnt und bis Morro Jable zu den dortigen beliebten Fischrestaurants führt. Hier bietet das enge, schlichte und spanisch dominierte Morro Jable in vielerlei Hinsicht einen interessanten Kontrast zu der künstlichen, groß dimensionierten Feriensiedlung in seiner Nachbarschaft.

Das Wasser immer im Blick:
Restaurant in Morro Jable

SEHENSWERTES

Am Hafen kümmert sich eine Station um Meeresschildkröten, die Sie dort auch in Becken schwimmen sehen *(Mo–Fr 10–13 Uhr | vorm Hafentor rechts)*. Beim Restaurant der Fischereigenossenschaft *(Cofradía)* tummeln sich Fischschwärme im Hafenbecken, und mit etwas Glück sehen Sie sogar Rochen durchs Wasser gleiten.

ESSEN & TRINKEN

Wenn Sie den Weg nicht scheuen, gehen Sie zu einem stimmungsvollen Mittag- oder Abendessen nach Morro Jable. An der dortigen Strandpromenade speist man ungleich schöner als an der Hauptstraße von Jandía Playa. Qualitativ, im Speiseangebot und preislich unterscheiden sich die einzelnen Lokale nur wenig. Hier gefallen besonders *Saavedra Clavijo (tgl. | Tel. 9 28 16 60 80 | €€)* sowie *Blue Marlin (tgl. | Tel. 9 28 16 62 87 | €€)*, das neben frischem Fisch auch Käsefondue und Fleisch vom heißen Stein auf der Karte hat. Wer mehr Wert auf den Geschmack als auf die Aussicht legt, sollte die Restaurants in der zweiten Reihe hinter der Promenade beachten, wo man teils besser, teils billiger speist; etwa im *La Strada (nur abends, Do geschl. | Tel. 9 28 16 67 57 | €€)* im Gässchen am Barranco, das ein erfreuliches Niveau bei bestem Preis-Leistungs-Verhältnis hält, und – ein Gässchen weiter – im italienischen Lokal *Mattarello (Mo geschl. | Tel. 9 28 54 08 04 | €€)*, das Klassikern wie Pizza und Pasta eine kreative Note verleiht. Ziemlich untouristisch wird es dann in den zwei schmalen, zu einer großen Fußgängerzone umgewandelten Hauptstraßen von Morro, deshalb sollten Sie etwas Spanisch sprechen, wenn Sie in die dortigen Bar-Restaurantes einkehren. Von den zahlreichen Cafés und Eisdielen seien drei erwähnt: das beliebte *California (Av. Saladar/am Taxistand Casa Atlántica)* für Eis, Crêpes, Säfte, Cocktails, *Eisdealer (30 m weiter westlich)* und das Eiscafé *Magdalena (Av. Saladar 22d | am Hügel bei der Tankstelle)*.

INSIDER TIPP ▶ CORONADO 🌍

Die von jeher gehobene Küche hat sich noch gesteigert und glänzt mit einer Karte, in der sich Kanarisches mit Mediterranem und Asiatischem harmonisch verbindet. Ein Großteil der Zutaten kommt direkt von der Insel – man schmeckt die Frische. Reelle Preise und gute Portionen. *Do–Di, nur abends | neben dem Riu Palace Jandía | Tel. 9 28 54 11 74 | www.restaurantecoronado.com | €€–€€€*

OCEAN WORLD 🌍

Eins der wenigen Lokale, die ihre frische Ware von der Insel selbst beziehen – und man schmeckt es dank Sven und Udo. Wer mit dem Taxi kommt, erhält den Quittungsbetrag erstattet! *Mo geschl. | C/ Flamenco 2/im Hotel Ocean World | Tel. 92 85 49 08 34 | www.fuertefisch.com | €€*

PICCOLA ITALIA

Aus dem zünftig mit Holz befeuerten Steinofen kommen die besten Pizzen am Ort. *Di geschl. | C/ del Carmen 39 | Tel. 9 28 54 12 58 | €*

STETSON

Wer in diesem beliebten Lokal im leider ziemlich hässlichen CC Cosmo speist, schaut am liebsten auf das, was er auf dem Teller hat: vor allem vorzügliche Steaks und andere Fleischgerichte, aber es gibt auch Fisch, Pizza und vieles mehr. *Nur Di–So abends | CC Cosmo, im OG | Tel. 6 26 14 09 58 | www.stetson-gourmet.com | €€€*

EINKAUFEN

Entlang der Hauptstraße herrscht ein reiches Angebot an Läden aller Art. Preisgünstiger kaufen Sie unten in Morro Jable. Aus Jandía kommend, erreichen Sie in Morro Jable rechts der talwärts führenden Straße (vor der Linkskurve) den großen, gut bestückten Supermarkt *Padilla*. Donnerstags ist Wochenmarkt an der Hauptstraße auf der Freifläche neben dem CC Cosmo.

FREIZEIT & SPORT

AKTIVITÄTEN AB HAFEN

Hier gibt's ein reiches Angebot. Vieles läuft unter dem Dach von *Excursiones Mar y Tierra (Tel. 9 28 54 17 71 | www.excursionesmarytierra.com)*, die im Hafen eigens einen Ponton als Station eingerichtet haben: Jetski, Bananenboot, Schnellboot, Wasserski, Wakeboard, Hochseeangeln. Beliebt sind die zweistündigen Jetski-Ritte zum Westkap. Zum Sportfischen läuft auch die „Albakora" *(Tel. 6 39 95 52 87)* aus. Vielleicht das Schönste sind Ausfahrten ohne Motorlärm, nämlich unter Segeln. Besonders die Katamarane bieten viel Platz. Neben der *Santa María* und der *Magic* liegen auch noch andere im Hafen und können über die Reiseleitung im Hotel gebucht werden. Der 1940 gebaute Zweimaster *Pedra Sartaña,* ein echtes Schaustück, legt Di–Sa um 9.30 (im Winter 10.30) Uhr zur beliebten „Piratentour" ab *(Tel. 6 70 74 51 91 | www.excursiones-barco-fuerteventura.com)*.

FAHRRÄDER

Volcano Bikes (Tel. 6 39 73 87 43 | www.volcano-bike.com) vermietet Räder und organisiert Touren. Vierrädrige Tretmobile sind am Holzschuppen *Tourist Info Center* am Westende der Salzwiesenzone zu mieten.

GOLF

Der lange brach gelegene 18-Loch-Platz wurde reanimiert: *Jandía Golf (par 71 | Barranco Vinamar | Tel. 9 28 87 19 79 | www.jandiagolf.com)*.

MOTORRAD-, TRIKE- & QUADAUSFLÜGE

Ausflüge durchs Gelände auf Enduros und Quads veranstaltet *Sahara Sports (Tel. 6 69 79 71 62 | www.enduro-guru. com)*. **INSIDER TIPP** Triketouren gibt's bei *Xtreme Car Rental (Av. del Saladar | im CC Cosmo | Tel. 9 28 87 56 30 | www. fuerte-trike.com)*. Motorroller und Quads vermietet *Montes Quads (C/ Estrella del Mar | am CC Faro | Tel. 9 28 16 66 70)*.

SEGELN & SURFEN

Erster Anbieter am Ort ist das Wassersportcenter an der Strandseite des *Robinson Clubs (Tel. 9 28 16 95 39)*. Unterhalb vom *Club Aldiana* bietet *Surfers Island (Tel. 9 28 16 63 49 | www.fuerteventurasurfen.de)* außer Windsurfen und ● Katamaransegeln auch Wellenreiten (Geräteverleih und Unterricht).

SEGWAY

Elektrisch rollern können Sie dank *Senda Ventura (östlich des Ortes zwischen Iberostar und Club Aldiana | Tel. 6 38 67 95 04 | www.segway-fuerteven tura.de)*.

STRÄNDE & SCHWIMMEN

Am bis zu 50 m breiten Strand von Jandía Playa *(Playa de Matorral)* mit seinem feinen, goldgelben Sand wird es auch bei Hochbetrieb in der Saison nicht eng. Zwei Liegen und ein Sonnenschirm kosten allerdings deftige 13,50 Euro Miete pro Tag. FKK ist in Stadtnähe unerwünscht. Für Schwimmunterricht wenden Sie sich an *Matchpoint (Tel. 9 28 54 43 07 | www. matchpoint-world.de)*.

TAUCHEN

Langjährig etabliert ist die *Tauchschule Felix (westlich neben CC Faro abseits der Hauptstraße | Tel. 6 06 17 42 51 | www. tauchschule-felix.de)*.

TENNIS

Die besseren Hotels verfügen über Kunstrasen-Quarzsandplätze. Unterricht erteilt *Matchpoint Sports (Tel. 9 28 54 43 07 | www.matchpoint-world.de)*.

AM ABEND

Schwerpunkte von Ost nach West sind der Bereich zwischen Stella Canaris und CC Faro, das CC Cosmo mit dem benachbarten CC Palm Garden und das seeseitige Ende von Morro Jable. Großen Zuspruch genießt dank seiner guten Cocktails (auch nicht alkoholische) und Longdrinks auf Ginbasis das *California (am Taxistand Casa Atlántica)*. Im CC Palm Garden ist die *Bar Oasis* der größte Magnet. Dort spielt manchmal eine Band zum Tanz auf, und die Cocktails sind ebenfalls klasse.

Besonders am Wochenende entfaltet sich eine kleine, aber durchaus <mark>INSIDER TIPP</mark> bemerkenswerte Livemusikszene: Da ist einmal das urige *San Borondón* unten in Morro Jable (zweite Reihe hinter den Fischlokalen), wo sich bei Bier und Tapas Alte und Junge, Spanier, Resldenten und wenige Touristen treffen und der Wirt mitunter zur Gitarre greift und singt. Das Kontrastprogramm gleich nebenan gibt ● *El Navegante*: Die Cocktaillounge hat eine Tanzfläche und zum Chillen einen schönen Dachgarten; obendrein gibt's oft Live-Gigs, gern mit afrikanischer Note. *K-Lima* bei der Tauchschule Felix (am CC Faro) feiert immer freitags kanarische Nacht mit Gitarrenbegleitung und zuweilen Paella. Die Königin fürs Abtanzen freitagnachts ist aber „die Schildkröte": *La Tortuga (Ostende vom CC Faro, Obergeschoss)* – schon eine Institution mit Ska und Reggae. Am Wochenende geht's für den rest der Nacht weiter in die Disko *Mafasca (links an der Seite vom Stella Canaris)*.

Am Strand von Morro Jable warten Katamarane auf abenteuerlustige Segler

ÜBERNACHTEN

In Jandía Playa stehen vorwiegend große bis sehr große Herbergen. Wer den Massenbetrieb von Großhotels scheut und überschaubare Unterkünfte mit persönlicher Atmosphäre vorzieht, sollte nach Morro Jable gehen.

APARTAMENTOS ALBERTO
18 Apartments bzw. Studios mit Meerblick; die Ausstattung ist zwar einfach, aber völlig ausreichend. *Av. del Faro 4 | Morro Jable | Tel. 9 28 54 51 09 | www. aptosalberto.com | €*

ATALAYA DE JANDÍA

Exquisit: Die Anlage schwebt gewissermaßen über dem Meer – ganz vorn auf dem Felsen im Westen von Morro Jable, oberhalb der Kirche. Die 20 geräumigen, gut ausgestatteten Apartments verfügen über einen Balkon, zur Anlage gehört ein kleiner Pool. *C/ Los Guanches 46 | Tel. 9 28 54 02 27 | www.atalaya-jandia. es | €€€*

lien mit Kindern gedacht. Manche Zimmer lassen sich dank einer Zwischentür in eine kleine Familiensuite umwandeln. Der Unterausgang vom Jandía Playa führt in das CC Ventura mit Supermarkt und zwei Kneipen; weiter zum Strand geht's durch einen speziellen Fußgängertunnel. *Jandía Playa: Tel. 9 28 54 60 00, Jandía Mar: Tel. 9 28 54 65 00, beide: www.barcelo.com | €€€*

Egal, wo man hier wohnt – der Ausblick aufs Meer ist immer da

BARCELÓ JANDÍA PLAYA/ BARCELÓ JANDÍA MAR

Oberhalb des Ortseingangs beim großen Kreisel erstreckt sich diese doppelte Hotelanlage, die sich rühmt, den preisgünstigsten Vier-Sterne-Komfort am Ort zu bieten. Der untere Teil namens *Jandía Playa (570 Zi.)* ist strandnäher mit viel Meerblick und etwas teurer; zu ihm gehört ein kinderfreier Premiumbereich *(weitere 64 Zi.)* mit All-inclusive-Versorgung. Das oberhalb gelegene *Jandía Mar (485 Zi.)* dagegen ist besonders für Fami-

CASABLANCA

Kleine, von Deutschen geführte, schön begrünte Anlage mit 12 gut ausgestatteten Apartments bzw. Studios (mit Meerblick). Kleiner Swimmingpool. *Av. del Faro 8 | am Hang oberhalb von Morro Jable | Tel. 9 28 54 17 44 | www. apartamentos-casablanca.com | €€*

CLUB ALDIANA

In der großzügigen, parkähnlichen Anlage mit direktem Strandzugang wohnt man in einem Hoteltrakt oder in lose gruppierten Bungalows (361 Wohneinheiten, viele mit Meerblick), in denen auch ruhebedürftige Gäste Erholung finden. Kinder werden ebenfalls gut betreut. Außer dem üblichen Angebot an Gastronomie, Läden, Diskothek, Pool usw. gibt es eine Surf- und Segelschule, Tauchkurse, ein Fitnessstudio, Golftrainingsanlage, Fahrradverleih, Squash, Tennis und einiges mehr. Wohl kaum eine andere Ferienanlage in Jandía bringt die Vorzüge der Insel so gut zur Geltung wie diese. Ruhe und sportliche Betätigung, Einsamkeit und Geselligkeit, Natur und Kultur stehen hier in einem optimalen Verhältnis. *Valle de Butihondo, am Ende der Autobahn | Tel. 9 28 16 98 70 | www.aldiana.de | €€€*

FARO JANDÍA

Ein Haus in beschwingten Formen; wegen der zentralen Lage eine gute Wahl für alle, die auch gern mal etwas außerhalb des Hotels unternehmen. Die 214 Zimmer (alle mit eigener Loggia, viele mit Meerblick) sind klimatisiert. Außerdem Pool, Fitnessraum, Tennisplätze, Minigolf. Der große Spa-Bereich *Las Caricias del Faro (Tel. 9 28 16 70 74)* glänzt mit Schwimmbad, Sauna, türkischem Bad, Massagen und Schönheitsanwendungen. Auch Nicht-Gäste können die Angebote nutzen. *Av. del Saladar | Leuchtturmhöhe | Tel. 9 28 54 50 35 | www.murhoteles.com | €€€*

OCEAN WORLD

Das ehemalige *Aquamarin* bietet 17 geräumige Zimmer mit Balkon bzw. Terrasse, in der Mitte ein Pool. Für Sportliche: eine Tauchschule. Im Restaurant servieren Sven und Udo abends spanische Küche. *C/ Flamenco 2 | im Tal neben Stella Canaris | Tel. 9 28 54 03 24 | www.oceanworld-hotels.com | €€*

RIU PALACE JANDÍA

Hoch über dem Strand bieten die meisten der 201 geräumigen Zimmer beste Aussichten. Allerdings ist der Poolbereich etwas eng, und es gibt viele Stufen. Zum Strand schwebt man in einem Glaslift hinab. *Jandía Playa | Tel. 9 28 54 03 70 | www.riu.com | €€€*

ROBINSON CLUB JANDÍA PLAYA

Die palmenbestandene Anlage mit Pool und allem, was man von einem Club in dieser Preisklasse sonst noch standardmäßig erwarten darf, liegt als einzige im flachen Vorland unmittelbar am Strand. Sie feierte 2010 bereits ihr 40-jähriges Jubiläum – als ältester Robinson Club überhaupt. Bei den Gästen überwiegen

VARIABLE ORTSNAMEN

Etwas so Offizielles wie ein Ortsname liegt fest, sollte man eigentlich meinen. Nicht aber auf Fuerteventura. Statt Morro Jable sagt man auch Morro del Jable, statt Vega de Río de las Palmas auch Vega de Río Palma. Vollends unübersichtlich ist es mit der Feriensiedlung an der Bucht Caleta de Fustes, für die mehrere verschiedene Namen gebräuchlich sind: z. B. Costa Caleta, Playa de Castillo, Castillo de Fuste oder El Castillo … Manche Orte tragen einen Artikel vorneweg wie La Antigua oder La Oliva, doch ebenso oft wird er auch einfach weggelassen. Eine einheitliche Regelung für die Handhabung gibt es nicht.

MORRO JABLE/JANDÍA PLAYA

jüngere Paare und Singles – für Familien mit Kindern ist eher der Club in Esquinzo gedacht. Die 350 Zimmer verteilen sich auf ein klimatisiertes Hochhaus sowie auf zweigeschossige Gebäude im großen Garten. Zum Sportangebot gehören u. a. Tennis, Tauchen, Windsurfen. *Jandía Playa an der Hauptstraße | Tel. 9 28 16 91 00 | www.robinson.com | €€€ (Vollpension)*

Raue Schönheit: die Nordküste des Westkaps

AUSKUNFT

OFICINA DE TURISMO
Mo–Fr 8–15 Uhr | im Keller des CC Cosmo | Tel. 9 28 54 07 76

ZIELE IN DER UMGEBUNG

PICO DE LA ZARZA ☼
(132 C5) (ᗰ C2)

Der auch als *Pico de Jandía* bekannte Gipfel ist mit 807 m der höchste der ganzen Insel. Erreichbar ist er nur zu Fuß, wobei

es etwa drei Stunden ständig bergauf geht, am Anfang und gegen Ende recht steil, dazwischen liegen aber auch weniger anstrengende Passagen. Der Weg als solcher bereitet keine Schwierigkeiten. Normale Wanderschuhe genügen – Strandlatschen sind aber definitiv ungeeignet! Sobald man den Einstiegspunkt gefunden hat, kann man sich auch nicht mehr verlaufen, auch wird der Weg oft genug begangen, sodass er stets erkennbar bleibt. Sofern der Gipfel nicht gerade in einer Passatwolke hängt, ist die Aussicht von oben überwältigend. Die Chancen dafür sind morgens meist besser als nachmittags.

Der Ausgangspunkt liegt beim großen Kreisel an der Ortseinfahrt von Jandía Playa, wo die Landstraße auf die Salzwiesenzone trifft. Hier führt eine breite Straße am *CC Ventura* und am Hotel *Barceló Jandía Playa* vorbei bergan. Gleich hinterm Hotel biegt man links ab und zweigt nach 600 m rechts (bergan) in eine Sackgasse ab, von der sich 200 m weiter rechts eine Piste ausfädelt. Dieser braucht man nur noch zu folgen. Auf 700 m Höhe stößt der Weg auf einen Zaun, der das Gipfelareal umgibt, um die hungrigen Ziegen fernzuhalten; in dieser Höhe spenden nämlich die Passatwolken vergleichsweise viel Feuchtigkeit, sodass zwischen den Felsbrocken allerlei schutzwürdige Pflanzen gedeihen. Damit das auch so bleibt, wird gebeten, das Tor im Zaun hinter sich wieder zu schließen. Der von hier an nur noch schmale Pfad führt in mehreren Kehren recht steil hoch auf den Grat, auf dem man rechts weiter bis zum Gipfel aufsteigt.

Für die Tour sind insgesamt gut fünf Stunden vorzusehen, eine normale Kondition und ein mäßiges Wandertempo vorausgesetzt. Ein paar Punkte sollte man auf jeden Fall beachten: Es gibt auf dem Weg keine Gastronomie. Verpflegung, vor al-

Mutet an wie Südamerika: einsame Küstenlandschaft bei Cofete

lem ausreichend Wasser, muss man daher mitnehmen. Außerdem ist auf der Höhe immer mit starken Winden zu rechnen, daher sollte man etwas zum Überziehen dabei haben. Ebenso wichtig ist Sonnenschutz (Mütze, Sonnencreme), denn es gibt nirgends Schatten.

WESTKAP UND COFETE ⭐ 🔵

Der äußerste Westzipfel der Insel, die *Punta de Jandía,* wird fälschlich oft als Südkap bezeichnet, streng geografisch gesehen liegt Morro Jable jedoch eindeutig südlicher. Die Fahrt zur Punta de Jandía über staubige, holprige Pisten hat noch immer etwas Abenteuerliches – ein Geländewagen ist deshalb die bessere Wahl. Zwei Ziele gibt es hier: Im schlichten Fischerdörfchen *Puerto de la Cruz* (132 A6) *(🗺 A3)* servieren drei Kneipen Fischgerichte. Eine Ausstellung im nahen Leuchtturm, der mit Solarenergie betrieben wird, informiert über die lokale Meeresfauna *(Di–So 10.30–17.30 Uhr).* Bei klarer Sicht ist am Horizont Gran Canaria zu entdecken. *Cofete* (132 C5) *(🗺 C2),* die abgelegenste Ortschaft der Insel, ist

eine Ansammlung einfacher Häuser und Bretterbuden mit eigenen Generatoren für die Stromversorgung und ohne fließend Wasser. Die wenigen verbliebenen Einwohner leben von der Ziegenhaltung und von den Besuchern, die sich in der *Bar Cofete (€€)* an einem Teller Fischsuppe stärken. Vor allem aber kommt man, um die geheimnisumwitterte *Villa Winter* zu sehen. Mehr dazu wie auch zu den Zwischenstrecken siehe Kapitel „Erlebnistouren", Tour 4.

Nach Cofete können Sie übrigens auch wandern und zwar **INSIDER TIPP** über einen alten Königsweg *(Camino Real).* Fahren Sie dazu 3,2 km vom Hafen bis zum *Gran Valle,* wo Sie an einem Parkplatz (Schild: „Red de Caminos de Pájara ...") auf Schusters Rappen umsteigen. Gehen Sie immer geradeaus das Tal aufwärts. Der Weg wurde neu hergerichtet, und Sie können sich nicht verlaufen. Hin und zurück braucht man aber jeweils gut zwei Stunden, sodass Sie ein wenig Verpflegung und genügend Wasser mitnehmen sollten. ❆ Vom Bergsattel aus haben Sie einen herrlichen Blick.

![ERLEBNISTOUREN]

ERLEBNISTOUREN

1

FUERTEVENTURA PERFEKT IM ÜBERBLICK

START: **1** Morro Jable/Jandía Playa
ZIEL: **14** Corralejo

9 Stunden
reine Fahrzeit
ca. 3 Stunden

Strecke:
➡ **175 km**

KOSTEN: 55 Euro für Mietwagen (Kleinwagen) und Benzin, dazu ca. 50 Euro pro Person für Eintrittsgelder, Mittag- und Abendessen
MITNEHMEN: Sonnenschutz, Badezeug

ACHTUNG: Rückfahrt nach Morro Jable 120 km (ca. 1¾ Std.). Machen Sie die Tour nicht an einem Sonntag, Montag oder Feiertag, damit alle Läden und Restaurants geöffnet sind und nicht zu viel Betrieb herrscht, und brechen Sie spätestens um 9 Uhr auf, im Winter früher.

Jeder Zipfel dieser Erde hat seine eigene Schönheit. Wenn Sie Lust haben, die einzigartigen Besonderheiten dieser Region zu entdecken, wenn Sie tolle Tipps für lohnende Stopps, atemberaubende Orte, ausgewählte Restaurants oder typische Aktivitäten bekommen wollen, dann sind diese maßgeschneiderten Erlebnistouren genau das Richtige für Sie. Machen Sie sich auf den Weg und folgen Sie den Spuren der MARCO POLO Autoren – ganz bequem und mit der digitalen Routenführung, die Sie sich über den QR-Code auf S. 2/3 oder die URL in der Fußzeile zu jeder Tour downloaden können.

Erleben Sie die vielfältigen Facetten Fuerteventuras auf einer Tour quer über die Insel: von Morro Jable/Jandía Playa im Süden nach Corralejo ganz im Norden. Genießen Sie Berglandschaften, Strände, phantastische Ausblicke und einen Imbiss im schönsten Restaurant der Insel.

09:00 Los geht's im Süden in ❶ **Morro Jable/Jandía Playa → S. 81**. Erstes Ziel ist die herrliche Lagune vor der Playa Barca → S. 79. Von einem ❷ **Aussichtspunkt bei Risco del Paso** südlich der Playa Barca können Sie sie am besten überblicken; **dazu verlassen Sie die Autobahn (ab**

❶ Morro Jable/
Jandía Playa

┌ 17 km ┐

❷ Aussichtspunkt bei
Risco del Paso

Fuerteventura

Pta. de la Tiñosa
Pta. Martiño
Majanicho • Corralejo
14
Lobos
Pta. de la Ballena (o de Tostón) • Tostón
13
Cotillo
10
Lajares
1
Rico Roque
Villaverde
Punta de Paso Chico
Pta. de Paso Chico
La Oliva
Pta. Uña de Gato
Casa de los Coroneles
Tindaya
Pta. del Salvaje
Los Molinos
La Matilla
Pta. de la Tiñosa
Puerto Lajas
Colonia García Escámez
Tefía
Tetir
10
20
12
Puerto del Rosario
Llanos de la Concepción
10
30
Triquivijate
El Matorral
9
Betancuria
Pta. del Junquillo
6
Antigua
2
Pta. del Cangrejito
Puerto de la Peña
8
Vega de Río Palmas
11
Ruinas
Pájara
Ruinas
Pta. del Peñón Blanco
7
Pozo Negro
Pta. del Viento
5
Tuineje
20
Pta. de las Borriquillas
Tesejerague
Tequital
Las Playas
Pta. de la Entallada
4
2
Giniginámar
Gran Tarajal
3
Tarajalejo
Matas Blancas
2
Costa Calma
Pta. Pesebre
Pta. de Barlovento
Cofete
Península de Jandía
2
Risco del Paso
Pta. de Jandía
1
Morro del Jable
Pta. del Matorral

8 km
4.96 mi

---

9 km

③ Costa Calma

8 km

④ La Pared

12 km

⑤ Mirador Sicasumbre

Ausfahrt El Salmo 700 m zurück). Danach fahren Sie zurück auf die Hauptstraße FV2. Von hier aus bis Costa Calma ist die Landschaft fast weiß, denn Sie sehen beiderseits der Straße vor allem Sand: Der Passat treibt ihn von der Nordwestküste der Halbinsel südwärts übers Land. Haben Sie den sattgrünen Palmengürtel von **③ Costa Calma → S. 72** durchfahren, biegen Sie links ab Richtung La Pared und überqueren den Istmo de la Pared – die „Landenge der Mauer" – nordwestwärts. Bei **④ La Pared → S. 77** ändert sich die Landschaftsgrundfarbe von Sandweiß zu Rötlich-Lehmiggrau. Bei der Passhöhe unterhalb des Berges Tablada, am **⑤ Mirador Sicasumbre**, ist ein Stopp angesagt, um die ausgeschilderte Anhöhe zu besteigen. Hier blickt man südwestwärts weit die Küste entlang, während sich nördlich und östlich ein fast menschenleeres Bergland erstreckt, über das Ziegenherden ziehen.

11:00 **Kurz vor Pájara geht's links zu einem Abstecher nach ⑥ Ajuy → S. 67.** Das kleine ehemalige Fischerdorf mit dunklem Sandstrand ist Ausgangspunkt einer kurzen Wanderung zu alten Kalköfen und zu den „Piratenhöhlen". Mit schroffen Felsen und gischtenden Wogen bietet die Insel hier ein ganz anderes Gesicht als an den sanften Stränden der Ferienorte. In **⑦ Pájara → S. 65** steht der Besuch der Kirche mit ihrem Portal in aztekischen Formen an, und es ist Zeit für eine erste Rast, z. B. im **La Fonda** (€) gegenüber der Kirche. Nun folgt der abenteuerlichste Teil der Tour: **Über eine schmale, kurvenreiche Straße geht es hinauf ins zentrale Bergmassiv.** An der höchsten Stelle machen Sie an einem Aussichtspunkt Halt. Tief unten sehen Sie einen zugeschwemmten ehemaligen Stausee; er füllt den oberen Teil des schluchtartigen Barranco de las Peñitas → S. 60. Abwärts geht's nach **⑧ Vega de Río de las Palmas.** Die kleine Kirche ist das größte Wallfahrtsziel der Insel. Gut versteckt in einem küstenfernen, tiefen Tal liegt **⑨ Betancuria → S. 57,** die historisch bedeutendste Ortschaft der Insel. Hier lassen sich gut und gern zwei Stunden verbringen – mit Kirchenbesuch, bei der Multivisionsschau in der **Casa Santa María,** bei einem Imbiss im dazugehörigen Restaurant, dem vielleicht schönsten der Insel, und beim Einkauf von Kaktusmarmelade und Kunsthandwerk.

16:00 **Durch enge Kurven führt die Straße nun bergauf zum ⑩ Mirador Morro Velosa → S. 59** mit einem grandiosen Panoramablick über den Inselnorden. **Weiter geht die Fahrt nach Antigua, dort rechts ab auf die FV 20, und jenseits des Ortsendes weiter Richtung La Corte und Flughafen (Aeropuerto).** Die Straße führt an Aloe-vera-Feldern vorbei. Sie biegen links ab Richtung Hauptstadt/Flughafen und erreichen nach einigen Kilometern **⑪ Salinas del Carmen → S. 63,** die Salinen mit dem Salzmuseum. Ein halbstündiger Stopp ist hier das Minimum. **An den Golfplätzen von Caleta de Fustes sowie dem Flughafen entlang geht es nun weiter zur Inselhauptstadt ⑫ Puerto del Rosario → S. 47. Fahren Sie dort am ersten Kreisel rechts ab, dann am Ufer bzw. Hafen entlang und halten Sie nach 900 m.** Besorgen Sie sich in der Touristinformation am nächsten großen Kreisel das Faltblatt „Puerto zu Fuß".

19 km

⑥ Ajuy

10,5 km

⑦ Pájara

11 km

⑧ Vega de Río de las Palmas

6 km

⑨ Betancuria

3 km

⑩ Mirador Morro Velosa

31 km

⑪ Salinas del Carmen

16 km

⑫ Puerto del Rosario

26 km

🔵13 **Wanderdünen El Jable** 🌳

5 km

🔵14 **Corralejo** 🍴

Es führt zu den vielen Skulpturen, die die Stadt schmücken. Zur Erfrischung holen Sie sich ein Eis in der Eisdiele **Kiss** *(Av. 1° del Mayo)*. Die letzte Etappe Richtung Corralejo macht mit der von Vulkankegeln geprägten Landschaft des Inselnordens bekannt. **Die Hauptattraktion erreichen Sie von Süden her – oder über Corralejo, sobald die neue Straße fertig ist:** die weißen 🔵13 **Wanderdünen El Jable → S. 33**. Die Dünenstraße sollte schon 2012 gesperrt werden, aber die Fertigstellung der neuen Straße hat sich immer weiter verzögert. Genießen Sie zum Abschluss in 🔵14 **Corralejo → S. 32** ein Abendessen mit Meerblick im **El Anzuelo**, ehe Sie den Heimweg antreten.

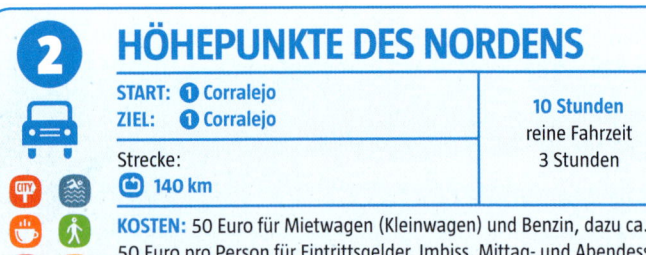

2 HÖHEPUNKTE DES NORDENS

START: ❶ Corralejo
ZIEL: ❶ Corralejo

10 Stunden reine Fahrzeit 3 Stunden

Strecke: 🚌 **140 km**

KOSTEN: 50 Euro für Mietwagen (Kleinwagen) und Benzin, dazu ca. 50 Euro pro Person für Eintrittsgelder, Imbiss, Mittag- und Abendessen
MITNEHMEN: Badezeug, festes Schuhwerk

ACHTUNG: Machen Sie die Tour nicht an einem Sonntag, Montag oder Feiertag und brechen Sie spätestens um 10 Uhr auf, im Winter früher.

Die Rundfahrt im Norden führt in die Inselhauptstadt, an die schroffe Westküste und zum heiligen Berg Tindaya. Ein Freilichtmuseum bietet interessante Einblicke in die Lebenswelten der alteingesessenen Insulaner.

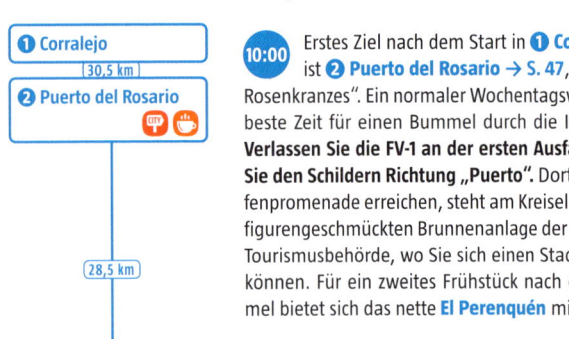

❶ **Corralejo**

30,5 km

❷ **Puerto del Rosario** 🍴☕

28,5 km

10:00 Erstes Ziel nach dem Start in ❶ **Corralejo → S. 32** ist ❷ **Puerto del Rosario → S. 47**, der „Hafen des Rosenkranzes". Ein normaler Wochentagsvormittag ist die beste Zeit für einen Bummel durch die Inselhauptstadt. **Verlassen Sie die FV-1 an der ersten Ausfahrt und folgen Sie den Schildern Richtung „Puerto".** Dort, wo Sie die Hafenpromenade erreichen, steht am Kreisel mit der großen, figurengeschmückten Brunnenanlage der Infopavillon der Tourismusbehörde, wo Sie sich einen Stadtplan besorgen können. Für ein zweites Frühstück nach dem Stadtbummel bietet sich das nette **El Perenquén** mit Hafenblick an.

12:00 **Verlassen Sie die Stadt auf der FV-20 Richtung Antigua. Hinter Casillas del Angel geht's rechts**

zunächst Richtung Betancuria und am nächsten Kreisel wieder rechts Richtung Oliva. Von der FV-207, auf der Sie nun fahren, zweigt nach links bald die Stichstraße FV-221 nach Parcelas und Molinos ab. **Am Ende der Straße, in**

❸ INSIDER TIPP▶ Puertito de los Molinos („Kleiner Mühlenhafen"), machen Sie Bekanntschaft mit der wilden Westküste. Dieses kleinste Fischerdorf der Insel scheint noch einer anderen Epoche anzugehören, allerdings haben wohlhabende Bürger der Inselhauptstadt hier Wochenendhäuser. Vom Ende der Straße führt ein Fußsteg über einen ganzjährig Wasser führenden Barranco; auf einem Platz im Dörfchen steht ein Schrein der Mutter mit dem Kinde – mit seinem naiven Dekor echte Volkskunst der Fi-

❸ Puertito de los Molinos

13,5 km

Kanarische Wohnkultur im Freilichtmuseum La Alcogida

scher zu Ehren ihrer Schutzheiligen. Das Bar-Restaurant **Casa Pon** *(€)* bietet Stärkung und eine Terrasse mit Seeblick. Vom kleinen Parkplatz vor dem Ort oder über den Strand, den Sie natürlich auch für ein Bad nutzen können, erreichen Sie nach Süden einen Treppenpfad, der zu einem Aussichtspunkt auf dem Felsen führt: eine großartige Stelle, um die Brandung an der rauen Westküste zu erleben.

14:00 **Zurück auf der Landstraße FV-207, biegen Sie links nach Tefía ab und erreichen nach 1,25 km das** ❹ **Ecomuseo de la Alcogida → S. 53, 108**; Parkplatz und Besucherzentrum des Freilichtmuseums liegen links der Straße. Setzen Sie für die Besichtigung 90 Minuten an. **Weiter geht's nach Norden durch Tefía, eine Streusiedlung. Links ab auf der FV-10** gerät die Montaña Quemada → S. 46 mit dem Standbild des Dichters Miguel de Unamuno ins Blickfeld. Bald darauf passieren Sie Tindaya. Das Dorf heißt wie der rote Berg nördlich davon, die Montaña de Tindaya → S. 45. Statt ihn zu besteigen (was nicht erlaubt ist), fahren Sie rechts die Serpentinen Richtung Vallebrón hoch. Der ❺ **Aussichtspunkt** oberhalb der Passhöhe bietet einen schönen Panoramablick mit dem heiligen Berg der Altkanarier gleich gegenüber.

16:30 Nächste Station ist ❻ **La Oliva → S. 44**. Hier gibt es einiges zu sehen, vor allem die schöne, festungsartige **Casa de los Coroneles**, die **Kirche**, die Kunstgalerie **Centro de Arte Canario** und das Getreidemuseum **Casa de la Cilla**. **Beim Weg über die FV-10 nach Cotillo machen Sie anschließend einen Schlenker über Lajares** → S. 42. Die Stickereischule hat jetzt womöglich schon Feierabend, aber Sie sollten nicht versäumen, **vom Kreisel aus die alte Straße Richtung Cotillo zu nehmen,** führt sie doch durch von Lavasteinen bedeckte alte Äcker, die mit Lavasteinmauern eingefriedet sind – eine ungewöhnliche Kulturlandschaft von seltsamem Reiz.

19:00 Versuchen Sie zum Sonnenuntergang am Nordwestkap der Insel, der ❼ **Punta de Tostón → S. 43,**

❹ Ecomuseo de la Alcogida 🏛

11 km

❺ Aussichtspunkt ☀

7 km

❻ La Oliva 🏛

24 km

♣

❼ Punta de Tostón ☀

einzutreffen. **Dazu müssen Sie durch Cotillo → S. 40 nach rechts hindurchfahren.** Falls Sie früh ankommen, macht es nichts: Sie können die Abendröte auch vom Festungsturm am Hafen oder vielleicht noch besser von einem der Restaurants mit Meerblick aus bewundern. Nach einem guten Mahl **geht's über Lajares zurück nach ❶ Corralejo.**

❶ Corralejo

❸ ALTKANARIER UND MAJOREROS

START: ❶ Pájara **ZIEL:** ❼ Pozo Negro	**7 ½ Stunden** reine Fahrzeit 1½ Std., Wanderung: ca. 1½ Std.
Strecke: leicht ⊖ **50 km** **Höhenmeter: 150 m**	

KOSTEN: 45 Euro für Mietwagen und Benzin, dazu ca. 25 Euro pro Person für Eintrittsgelder, Imbiss, Mittagessen
MITNEHMEN: Wanderschuhe, Sonnenschutz, Wasser

ACHTUNG: Machen Sie die Tour nicht an einem Sonn- oder Feiertag.

Auf dieser Tour durchs zentrale Bergland tauchen Sie ein in die Lebenswelt der Altkanarier und Majoreros, wie die alteingesessenen Insulaner genannt werden.

09:00 **Nachdem Sie vom Süden aus über La Pared oder sonst über Tuineje nach ❶ Pájara → S. 65 gelangt sind,** steht hier eine erste Begegnung mit der Inselkultur an. Ein Besuch der **Kirche** gehört zum Standardprogramm. Gehen Sie anschließend zu einem Kaffee ins Landhotel **Casa Isaítas** (von der Kreuzung bei der Kirche 100 m Richtung Betancuria, linker Hand), denn dies ist ein traditionell kanarisches und zudem stilecht restauriertes Anwesen.

10:30 **Nun geht es hoch ins zentrale Bergland.** Der nächste Halt ist am 426 m hohen Aussichtspunkt ❷ **Risco de las Peñas.** Unten im Tal sehen Sie einen zugeschwemmten Stausee, den Sie später zu Fuß erreichen werden. Jenseits davon ist als winziger weißer Kubus die Kapelle Ermita de la Peña zu erkennen. Die Fahrt bergab führt nach Vega de Río de las Palmas → S. 59. **Biegen Sie unten nach links zurück ab (Wegweiser: „Vega de Río Palma") und folgen Sie der Nebenstraße über weitere 1,1 km.** Weiter geht es zu Fuß durch den ❸ **Barranco de las Peñitas → S. 60** – wie auf S. 60 beschrieben. Anschließend haben Sie sich eine Stärkung in der **Casa de la Naturale-**

❶ Pájara

8,5 km

❷ Risco de las Peñas

4 km

❸ Barranco de las Peñitas

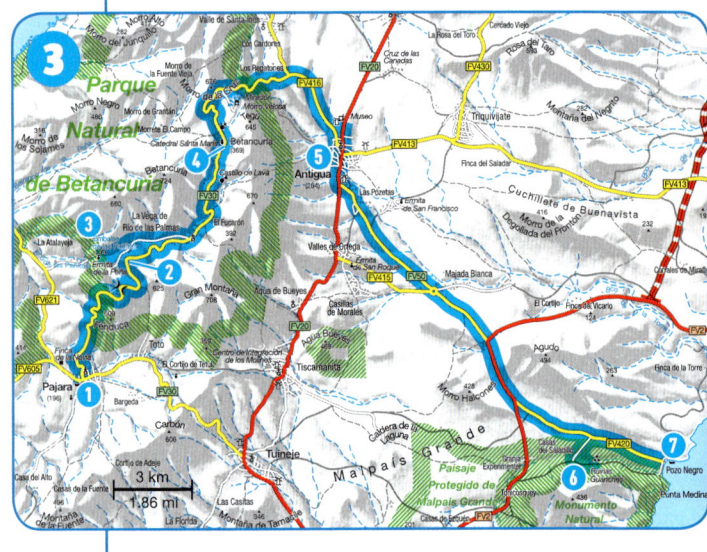

za verdient. Das Anwesen, 120 m vor der Brücke gelegen, ist eine gelungene Kombination aus Museum und Restaurant, ein Ort zum Wohlfühlen, besonders dank der traditionellen Bauweise und des Teichgartens.

9,5 km

4 Betancuria

14:00 **Zurück auf der Landstraße geht's links ab nach** **4 Betancuria → S. 57**. Die einstige Hauptstadt ist mit Klosterruine, Kirche, Museen und viel Kunsthandwerk das wichtigste Reiseziel im Inseninneren. Versäumen Sie nicht die **INSIDER TIPP** **Multimediashow** in der **Casa Santa María** sowie die dortige Ausstellung und den schönen Garten! Zum Thema der Tour passt auch ein Besuch im überschaubaren **Archäologischen Museum**.

10 km

16:00 **3 km weiter bergauf** grüßen Sie die Monumentalfiguren der altkanarischen Häuptlinge Guize und Ayose – sowie ein toller Panoramablick über den Inselnorden. Abwärts geht's nach **5 Antigua → S. 54**. **Im Ort biegen Sie bei der Kirche links ab, dann erneut links auf die FV-20.** Ein paar Hundert Meter weiter nördlich steht die Besichtigung des **Käsemuseums** an. Die Anlage wird überragt von der alten Mühle.

5 Antigua

16,5 km

Sie fahren nun zurück, durch Antigua hindurch und biegen links auf die FV-50 Richtung Flughafen *(Aeropuerto)* ab.

Faszinierende Bergwelt: Aussichtspunkt bei Antigua

Nach Verlassen des Vororts La Corte passieren Sie Aloe-vera-Felder, stoßen auf die FV-2, dort rechts, und verlassen die Straße gleich wieder Richtung Pozo Negro. 3 km weiter geht's rechts ab zum altkanarischen Ruinenfeld von ➏ **Atalayita → S. 56**, die einzige Stelle auf der Insel, wo man eine Ahnung von der Lebensweise der Altkanarier aus vorspanischer Zeit erhält. Die Tour endet mit einem wohlverdienten Essen auf der Terrasse eines der Fischrestaurants von ➐ **Pozo Negro**, natürlich mit Meerblick!

➏ Atalayita

4,5 km

➐ Pozo Negro

4 ZUM WESTKAP UND ZUR VILLA WINTER

| START: | ➊ Morro Jable/Jandía Playa | 6 ½ Stunden |
| ZIEL: | ➊ Morro Jable/Jandía Playa | reine Fahrzeit |

Strecke:
 65 km

reine Fahrzeit
3 Stunden

KOSTEN: 125 Euro für Mietwagen (Jeep) und Benzin, dazu ca. 15 Euro pro Person fürs Mittagessen
MITNEHMEN: Trinkwasser und Verpflegung

ACHTUNG: Die Pisten erfordern z. T. ein geländegängiges Fahrzeug; mieten Sie für diese Tour also auf jeden Fall einen Jeep. Wer einen normalen Mietwagen nimmt, verstößt gegen die Vertragsbestimmungen – und verliert damit jeden Versicherungsschutz.

Den Westzipfel der Halbinsel Jandía zu durchfahren schmeckt nach Abenteuer: raue, menschenleere Landschaften und eine wilde Küste.

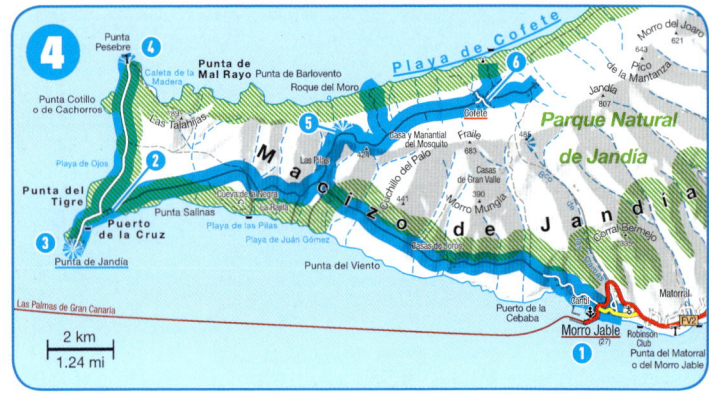

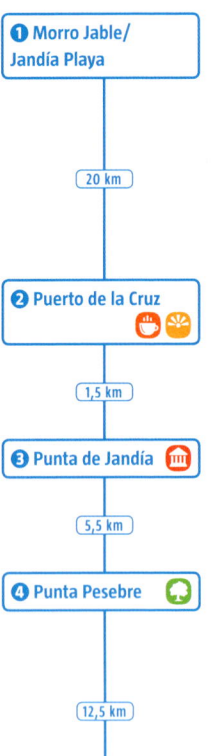

❶ Morro Jable/
Jandía Playa

20 km

❷ Puerto de la Cruz

1,5 km

❸ Punta de Jandía

5,5 km

❹ Punta Pesebre

12,5 km

10:00 Umrunden Sie zunächst ❶ **Morro Jable/Jandía Playa → S. 81 auf der Umgehungsstraße. Kurz bevor der Hafen von Morro Jable erreicht ist, zweigt nach rechts eine ausgeschilderte Piste ab.** Das erste Stück ist noch asphaltiert, danach gibt es mit Ausnahme eines weiteren befestigten Stücks nur noch harte Erdpisten. Die Strecke führt über 20 km in einigem Abstand zur Küste durch eine pflanzenarme Halbwüste. Kurz vor dem Ziel, der schmal ins Meer vorspringenden und mit einem Leuchtturm gekrönten Punta de Jandía, liegt das unscheinbare Dörfchen ❷ **Puerto de la Cruz → S. 89.** Immerhin können Sie hier eine angenehme Rast einlegen und sich verköstigen – im **El Caletón** *(€–€€)* sogar mit Seeblick!

11:30 Von Puerto de la Cruz aus sind zwei Abstecher geradezu obligatorisch: Der erste führt zum Leuchtturm auf der ❸ **Punta de Jandía** südlich des Dorfs. Es ist der südwestlichste Punkt der Insel. Ein dort eingerichtetes kleines Museum ist leider nur sehr unregelmäßig geöffnet. **Zurück in Puerto de la Cruz zweigt gegenüber vom Lokal Punta Jandía eine schlaglochübersäte Asphaltpiste nach Norden zur nahen ❹ Punta Pesebre ab.** Dies ist der wohl abgeschiedenste Ort der Insel, zumindest unter jenen mit Straßenanschluss. Auf dem Weg dorthin ist rechts eine parallel verlaufende alte Landebahn zu erkennen, die jedoch nie genutzt wurde.

13:30 Fahren Sie nun zurück Richtung Morro Jable bis zu jenem Abzweig, von dem man links ab über eine Passstraße zur Nordküste nach Cofete gelangt. Bald erreichen Sie am ❺ **Roque del Moro** das **INSIDER TIPP** schönste Aussichtsplateau des Inselsüdens. Passen Sie auf, dass Ihnen der Wind nichts aus dem offenen Wagen oder die Mütze vom Kopf reißt! Unten dehnt sich der helle Sandstrand Playa de Cofete, der im Osten von El Islote, dem „Inselchen", begrenzt wird. Dahinter wird der weitläufige Strand Playa de Barlovento sichtbar; bei guter Sicht schweift der Blick weit nach Nordosten bis zu den Bergen bei Pájara. Von den Stränden schwingen sich die Hänge hinauf zum Pico der Jandía (auch Pico de la Zarza), dem mit 807 m höchsten Berg der Insel. Abseits des nun folgenden Pistenstücks stehen große, kandelaberförmige Säuleneuphorbien, die Kakteen ähneln.

14:30 Der nächste Ort ist ❻ **Cofete → S. 89.** Schon bevor man diese seltsam vergessen wirkende Siedlung erreicht, erkennt man am Hang voraus ein einsam liegendes, zweigeschossiges Gebäude mit rundem Turm: Das ist die legendenumwobene **Villa Winter**. **Sie ist nur per Jeep oder zu Fuß zu erreichen.** Wie es heißt, sollte der deutsche Ingenieur Gustav Winter (1893–1971), der die Halbinsel 1937 gepachtet hatte, hier für die deutsche Marine einen U-Boot-Stützpunkt anlegen. Zwei Inseldeutsche haben unterdessen durch Archivstudien und Befragung von Zeitzeugen gezeigt, dass diese Geschichte ebenso wenig stimmt wie andere Märchen, die sich um das alte Gemäuer ranken. Das Gebäude wurde übrigens nie ganz fertiggestellt und war nie regulär bewohnt. Unter Franco ging jedoch die ganze Halbinsel in „Don Gustavos" Eigentum über; Winter herrschte über seine riesige Hacienda wie ein Feudalherr. In vier Parzellen aufgeteilt, wurde sie bis 1964 verkauft. Die Villa wird heute von Ziegenhirten bewohnt. Eine reguläre Besichtigung ist nicht möglich, ein Handgeld hilft jedoch die Türen öffnen. Viel Geheimnisvolles gibt's aber nicht zu entdecken.

Von einer Weiterfahrt entlang der endlosen Sandstrände sollten Sie lieber absehen: Das Querfeldeinfahren ist im Naturpark streng verboten, und wer geschnappt wird, zahlt eine empfindliche Geldstrafe. **Schlagen Sie also von hier aus den Rückweg nach ❶ Morro Jable/Jandía Playa ein.**

Geheimnisumwittert:
die Villa Winter bei Cofete

❺ Roque del Moro

9 km

❻ Cofete

14 km

❶ Morro Jable/
Jandía Playa

SPORT & WELLNESS

Ob schwimmen, am Strand wandern oder im warmen Sand liegen – vieles an Sport und Wellness bietet Fuerteventura gratis. Wer mehr möchte, hat vor allem beim Wassersport reiche Auswahl. In Sachen Massagen und Kuren wird man am ehesten bei den Fünf-Sterne-Hotels fündig; oder man geht ins Thalasso Spa in Caleta de Fustes. Gönnen Sie sich einmal den Kitzel einer Fischmassage!

Wo der folgende Überblick auf detaillierte Adressen von Anlagen und Anbietern verzichtet, finden Sie diese vorn im Band unter den einzelnen Orten in der Rubrik „Freizeit & Sport". Mit der Bezeichnung „in allen großen Ferienzentren" sind gemeint: Corralejo, Caleta de Fustes, Costa Calma/La Pared und Jandía Playa/Morro Jable.

ANGELN

Angeln ist ohne Angelschein gestattet, ob von der Mole oder von der Felsklippe aus. Das Gerät kann man günstig in Puerto del Rosario oder Corralejo kaufen. Als Köder dienen Calamares, Gambas oder kleine Krebse. Für die geangelten Fische sind Mindestgrößen vorgeschrieben. Aufregender ist Hochseeangeln. Von Corralejo, Costa Calma und Morro Jable aus kann man an Bootstouren teilnehmen. Ausrüstung wird gestellt.

FAHRRAD & MOTORRAD

INSIDER TIPP Radfahren hat sich zu einem Trendsport entwickelt. Verleiher gibt es in allen großen Ferienzentren sowie in

Eine Insel für alle, die bei sportlichen Aktivitäten in, unter oder auf dem Wasser ihr Urlaubsglück finden

Las Playitas. Oft lassen sich organisierte Mountainbiketouren in verschiedenen Schwierigkeitsgraden buchen; manche sind nicht allzu anstrengend: Bergauf geht es in dem Fall Huckepack mit Motorkraft, dann auf zwei Rädern über Stock und Stein nur noch talwärts. Wenn Sie lieber auf eigene Faust über die Insel strampeln wollen, meiden Sie, so gut es geht, die Hauptstraßen; ein Radwegenetz ist zurzeit erst im Aufbau begriffen. Auch Motorräder und Motorradtouren mit Enduros oder mit Vierradmotorrädern (Quads) werden In allen großen Ferienzentren angeboten. Spezielle Angebote (Miete, Rundfahrten) für Harley-Davidson-Fans gibt es unter *www.harley-tour-fuerteventura.com*.

GOLF

Das Golfzeitalter auf der Insel begann 2002, als der 18-Loch-Platz bei Caleta de Fustes in Betrieb ging *(Par 70, mit Abschlagplatz, Putting Green etc. | Tel. 9 28 16 00 34)*. Inzwischen gibt es drei weitere 18-Loch-Plätze: *Salinas de Antigua* (neben dem ersten), *Jandía Golf* bei Jandía Playa sowie *Las Playitas*; letzterer ist Teil des Sportzentrums *Playitas Grand Resort*. Dazu kommen zwei kleinere Anlagen: *Mirador de Lobos Golf* am Rand von Corralejo und die seit Jahren etablierte *Golf-Akademie (Tel. 9 28 54 91 03)* in La Pared. Dort kann man beim irischen Profigolfer Ken Ellis Golf spielen lernen. Es gibt einen Sechs-Loch-Kurzplatz und eine Driving Range. Auch Ferienclubs und einige Hotels bieten Abschlagplätze und Putting Greens an.

JET-, WASSERSKI & BANANENBOOT

Jetskier sind schwimmende Motorräder und machen leider auch den gleichen Lärm. Mit ca. 60 Euro für 30 Min. ist der schnelle Ritt übers Wasser zudem kein billiges Vergnügen. Am besten ist das Geld bei einem Jetski-Ausflug angelegt, wie er am Hafen von Morro Jable angeboten wird. Wer Jetskier verleiht, hat meist auch ein Bananenboot parat: ein gelbes Gebilde, auf dem mehrere Personen rittlings Platz nehmen und das dann von einem Motorboot in hohem Tempo gezogen wird. Jetskistationen gibt es in allen großen Ferienzentren. Die meisten bieten auch Wasserski an.

REITEN

Der deutsche Reitstall *Rancho Barranco de los Caballos* (s. S. 78) bei La Pared bietet mit INSIDER TIPP Ausritten an der wilden Westküste das rechte Gefühl von Fuerteventura-Freiheit. Im Norden leistet der Reitstall *Granja Tara* (s. S. 42) Ähnliches, und Gäste in Caleta de Fustes wenden sich an *Crines del Viento (nördliche Ortsausfahrt von Triquivijate | Tel. 6 78 21 31 08 | www.crinesdelviento.com)*.

SEGELN

Segeln lernen auf Katamaranen können Sie am *Club Aldiana* bei Jandía Playa, an den *Robinson Clubs* von Esquinzo und Jandía Playa, in Tarajalejo und in Las Playitas. Wollen Sie auf Segeltörns nur ausspannen, finden Sie in Corralejo, Morro Jable/Jandía Playa sowie in Caleta de Fustes Angebote. Für Skipper: Yachthäfen existieren in Caleta de Fustes, Corralejo, Gran Tarajal, Morro Jable und Puerto del Rosario.

TAUCHEN

★ *Tauchen* macht hier einfach Spaß: Die Meerenge El Río bei Corralejo, das Muränenriff vor Jandía Playa und etliche andere Stellen rund um die Insel machen Fuerteventura mit ihren Lavaformationen und dem Fischreichtum zu einem der besten Tauchreviere der Kanaren. Tauchschulen finden Sie daher in allen großen Ferienzentren sowie in Las Playitas. Um Tauchen zu lernen, brauchen Sie ein ärztliches Gesundheitszeugnis; ortsansässige Ärzte sind darauf eingestellt. Fragen Sie dazu die Tauchschulen.

TENNIS

Gute Hotels und Clubs verfügen über normgerechte, windgeschützte Kunstrasen-Quarzsandplätze; zuweilen gibt es nur Zementboden, oder der Windschutz ist nicht ausreichend. Unterricht in diversen Hotels im Süden bietet *Matchpoint Sports (Tel. 9 28 54 43 07 | www.matchpoint-world.de)*.

WANDERN

Für alle, die Interesse an der Natur und an der traditionellen Lebensweise der Insulaner mitbringen, wartet das Binnen-

Putten im satten Grün: Golfplatz Salinas de Antigua

land mit attraktiven Touren auf. Der Weg durch den Barranco de las Peñitas ist bei Vega de Río de las Palmas ausführlich beschrieben, sodass man ihn problemlos auf eigene Faust bewältigen kann. Richtig spannend wird es auf ⭐ 🔵 *geführten Inselwanderungen,* wie sie einige inselbegeisterte Deutsche anbieten. *Die Buchung erfolgt in der Regel über die Reiseleitungen der Hotels; Auskunft und Buchung für den Norden und die Mitte auch über: Hannelore (Tel. 6 08 92 83 80), für die Mitte und den Süden: Wolfgang (Time for Nature | Tel. 9 28 87 25 45 | www. timefornature.de).*

WINDSURFEN & SURFEN

⭐ *Windsurfen* ist der führende Wassersport auf der Insel. Die Wind- und Wasserverhältnisse sind das ganze Jahr über ideal, wobei der stärkste Wind im Sommer weht. Die geringsten Windgeschwindigkeiten – mit gelegentlichen Flauten – herrschen von November bis Januar. Ob Anfänger, Fortgeschrittene oder Cracks: Auf Fuerteventura finden alle ihr passendes Plätzchen. Die wichtigsten Spots sind

die Playas de Sotavento an der Halbinsel Jandía, die Gegend bei Corralejo und – nur für echte Könner – die Strände bei El Cotillo. Surfschulen und Ausrüstungsverleiher finden Sie in allen großen Ferienzentren.

Trendsport ist **INSIDER TIPP** Kitesurfen; er wird am Dünenstrand von Corralejo sowie an der Playa Barca im Süden betrieben. Dabei lässt man sich, auf einem Surfbrett stehend, von einem Lenkdrachen übers Wasser ziehen.

Echtes Surfen, also Wellenreiten, ist an der Westküste möglich. Wenden Sie sich an die Anbieter in Lajares, z. B. *Magma (Tel. 9 28 86 82 88),* oder in Costa Calma/ La Pared *(Waveguru | Tel. 6 19 80 44 47).* Auf die Idee, Spanisch lernen und Wellenreiten miteinander zu verbinden, kam die *Otro Modo Surfschool (Tel. 6 75 17 00 04 | in Deutschland 030 64 90 56 52 | www. otro-modo-surfschool.de).* Standorte mit Unterkunft in Bungalows oder Apartments sind Costa Calma und Morro Jable. So hat das Gehirn etwas zu tun, während die erschöpften Glieder Pause machen. Der Sprachunterricht findet in Kleingruppen statt.

MIT KINDERN UNTERWEGS

Die Möglichkeiten, mit Kindern nahezu aller Altersstufen Schönes zu erleben und Spannendes zu unternehmen, sind auf Fuerteventura sehr zahlreich. Obendrein sind die meisten Hotels, Apartment- und Bungalowanlagen auf Familien mit Kindern eingestellt. Dabei reicht das Spektrum vom preisgünstigen Apartment für kostenbewusste Selbstversorger bis zum Cluburlaub, bei dem eine professionelle Kinderanimation den Eltern (fast) alle Programmsorgen abnimmt.

Für Kinder rangiert das Naturerlebnis auf der Insel meist ganz oben. An Orten wie
🟢 Puertito de los Molinos an der wilden Westküste, wo man gute Aussichtspunkte an der Felsküste findet, ist schon das Brodeln der Brandung und das Gischten der

Wogen ein grandioses Schauspiel. Die tollen Sandstrände und das Bad im Meer wissen ohnehin alle Kinder zu schätzen – ein Vergnügen, das obendrein kostenlos ist. Dazu aber eine Warnung: Fahren Sie mit Vorschulkindern besser nicht im Frühjahr oder im Sommer auf die Insel. Der dann oft stürmische Wind wirbelt so viel Sand auf, dass der Strandaufenthalt für Kleinkinder unerträglich werden kann. Auch die starke Sonneneinstrahlung um diese Jahreszeit ist für die ganz Kleinen nicht das Richtige.

Mit Kindern sollten Sie den Süden der Insel oder Caleta de Fustes vorziehen, wo das Baden ganzjährig ungefährlich ist. Unter dem Gesichtspunkt der Kinderfreundlichkeit ragt bei den Unterkünften im Süden der *Robinson Club Esquinzo* he-

Ob am Strand, beim Gokartfahren oder beim Kamelreiten, im Zoo oder im Aquarium – hier haben Kinder ihren Spaß

raus, der eine an Altersstufen angepasste Betreuung bietet. In Caleta de Fustes ist das *Barceló Castillo Beach Resort* erste Wahl, denn hier kann man ebenerdig wohnen, und es gibt eine gute Kinderanimation; zudem liegt die Anlage direkt an einem überschaubaren Strand mit flachem Wasser. Einen ähnlichen Lagevorteil bietet das Aparthotel des *Playitas Grand Resort* in Las Playitas, das mit einer „Kids Sports Academy" seinen sportlichen Anspruch unterstreicht und auch sonst für Familien mit Kindern eine gute

Wahl ist. Aber natürlich kommen auch viele andere Herbergen auf der Insel in Frage. Nur die „Adults only"-Anlagen scheiden selbstredend aus.

Ein Angebot vieler Tauchschulen ist *Kindertauchen*. Zuvor ist aber Schwimmunterricht fällig. Angebote dazu gibt es in Corralejo, Costa Calma und in Morro Jable/Jandía Playa. *Trampolinspringen* kann man in Corralejo *(Calle Carabela, hinter Blanc du Nil an der Hauptstraße)* und in Caleta de Fustes (Ortsmitte, am Spielplatz). *Minigolfanlagen* bieten Corralejo (auf dem Acua-Park-Gelände, Ostseite, und in der Calle Carabela) sowie mehrere große Hotels wie das *Playitas Grand Resort,* das *Faro Jandia* in Jandía Playa (auch für Nichtgäste) oder das *Barceló Fuerteventura* in Caleta de Fustes.

GANZE INSEL

INSIDER TIPP ▶ BOOTSAUSFLÜGE
Die Unterwasserfenster des Motorkatamarans „Celia Cruz" bieten auf Törns ab Corralejo (127 E1) (*m G2*) Einblicke in die vielgestaltige Unterwasserwelt. Während der Fahrt ist zwar noch nicht viel zu erkennen, wenn das Boot dann aber still liegt und die Fische gefüttert werden, wird es richtig schön *(ab 18 Euro, Kinder 9 Euro)*.
Von Caleta de Fustes (131 E3) (*m G8*) aus sorgt ein Halb-U-Boot für das gleiche Unterwasservergnügen *(20 Euro, Kinder 10 Euro)*. Im hiesigen *Oceanarium* kann man auch Fische und Seelöwen aus der Nähe erleben.

DER NORDEN

ECOMUSEO DE LA ALCOGIDA ★ ●
(130 B1) (*m E6*)
Das Freilichtmuseum in Tefía ist das größte der Insel. Es besteht aus sieben restaurierten Bauernhöfen. Historisch eingerichtete Wohnräume zeigen, wie ein Haushalt vor hundert Jahren aussah. In einem Saal laufen Filme, die alte Bäuerinnen und Bauern u. a. beim Brotbacken und Färben zeigen. In zwei anderen Höfen wurden Werkstätten originalgetreu eingerichtet. Kindern macht die *Casa Señor Teodosio* am meisten Spaß, wo es eine Gofiomühle gibt, die ein Esel im Kreis bewegt. Dort gibt es auch weitere Tiere zu sehen. Ein Haus weiter wird manchmal Brot im Holzofen gebacken; anderswo mag eine Korbflechterin arbeiten. In zwei, drei Werkstätten ist eigentlich immer jemand aktiv. Parkplatz und Kasse liegen westlich der Straße. *Di–Sa 10–18 Uhr | am südl. Ortsende | Eintritt 5, Kinder 2,50 Euro*

Tierische Bewohner des Freilichtmuseums La Alcogida

KAMELREITEN (127 E2) (*♦ H2*)

Die *Camel Safari* auf Dromedaren ist ein Angebot in den Dünen von Corralejo. Los geht es am Strand beim Hotel *Ríu Oliva Beach*. Ein Rundritt auf den „Wüstenschiffen" dauert 20 Minuten. *Tgl. 11–17 Uhr | Erwachsene 6, Kinder 5 Euro*

DIE MITTE

GOKARTBAHN OCIOS DEL SUR (134 B4) (*♦ C10*)

Es gibt drei Rundkurse von 125, 500 und 1500 m Länge, dazu für die Erholungspause eine Cafeteria. *Tgl. 11–19, im Sommer 11–20 Uhr | 10 Min. 18 Euro, Jugendliche 12 Euro, Kinder 9 Euro | Zufahrt über die von Süden nach Cardón führende FV 618 (Wegweiser „Karting" nach links)*

OASIS PARK ★ (134 B5) (*♦ C12*)

Schimpansen, Otter, Kängurus, Nilpferde, Strauße, Marabus, Flamingos, Giraffen und andere Tiere machen nur einen Teil der Attraktionen dieser großartigen Anlage aus. Keinesfalls sollten Sie die possenreich inszenierten Shows mit Reptilien, Papageien, Seelöwen und Greifvögeln versäumen. Ein schwankender Extraspaß ist die **INSIDER TIPP** ▶ Kamelsafari mit Dromedaren. Von Zone 1 aus geht's auf einen ☼ Aussichtshügel überm Meer (ab Zone 2: Safari innerhalb des Zoos). *Tgl. 9–18 Uhr | Eintritt 28, Kinder 18 Euro, Kamelritt 12, Kinder 8 Euro | an der FV 2 bei La Lajita; es verkehren Gratisbusse ab Morro Jable, Esquinzo, Costa Calma, Caleta de Fustes und Corralejo | Info über Tel. 9 28 16 11 02 | www.fuerteventuraoasispark.com*

WANDERUNG VON AJUY ZUR CALETA NEGRA (128 B3) (*♦ C8*)

Für ältere Kinder (ab ca. 8 Jahre) eignet sich die kleine, aber spannende Wanderung zu den geheimnisumwitterten

Zum Karneval werden auch die Kinder herausgeputzt

„Piratenhöhlen". Die Wegbeschreibung finden Sie im Kapitel „Die Mitte" unter Pájara/Ajuy (s. S. 67).

DER SÜDEN

STRANDWANDERN (133 D6, E5) (*♦ A13–14*)

Mit größeren Kindern macht Strandwandern besonders Spaß zwischen Jandía Playa und dem Beginn der Lagune, wo Felsnasen die Küste gliedern. Die beste Zeit ist bei Ebbe am frühen Morgen oder gegen Abend, dann kann man oft Vögel beobachten.

EVENTS, FESTE & MEHR

FIESTAS

Jeder Ort feiert seinen Schutzheiligen mit Umzügen, Musik, Tanz. Höhepunkte sind die Bälle *(verbenas)* am Wochenende vor oder nach dem Hauptdatum.

JANUAR/FEBRUAR
Valle de Santa Inés (21. Jan.); *Gran Tarajal* (2. Feb.)

FEBRUAR/MÄRZ
⭐ 🔵 *Karneval:* Am meisten ist in *Puerto del Rosario* los: Den Auftakt macht ein Maskenball. Weitere Bälle folgen, u. a. die *Verbena de la Sabana*, bei der Perücken und Schaumgummi Männer zu weiblichen Schönheiten machen. Höhepunkt: der abendliche Umzug (Sa/So)

MÄRZ/APRIL
Semana Santa/Ostern: Prozessionen mit Marien- und Christusbildnissen

MAI
Tefía (4.); *Tarajalejo* (8.); *La Lajita* (13.)

MAI/JUNI
Fronleichnam: In *Puerto del Rosario* Prozession über kanarische „Blumenteppiche" aus bunten Steinen

JUNI
Lajares (13.); *Ajuy* (24.); *Vallebrón* (24.); *Las Playitas* (29.)

JULI
Pájara (2.)
Beim *Día de San Buenaventura* (14.) spielen in *Betancuria* Trommler und Pfeifer zum Jahrestag der Eroberung der Insel durch die kastilische Krone.
Fiesta Nuestra Señora del Carmen (16.): Die hl. Carmen ist Schutzpatronin der Fischer und Seeleute. In *Corralejo* formiert sich eine Prozession, es folgt eine ⭐ *Bootsprozession*; ähnlicher Ablauf in *Morro Jable*.
Casillas del Ángel (26.)

AUGUST
Tetir (4.); *Tiscamanita* (3. So); *Tindaya* (15.); *El Cotillo* (ca. 22.); *Tefía* (28.)

SEPTEMBER
Antigua (8.); *Vega de Río de las Palmas* (3. Sa): Freitagnacht ziehen Pilgergruppen über die Berge nach Vega Río Palma, wo die Virgen de la Peña, die Schutzheilige der Insel, als Alabasterfigur steht. Die anschließende *Fiesta de la Peña* geht über 40 Stunden.

Auf den zahlreichen Fiestas zu Ehren der lokalen Schutzheiligen geht es häufig erst um Mitternacht so richtig los

OKTOBER

La Oliva (7.); Die ⭐ *Fiesta Nuestra Señora del Rosario* in Puerto del Rosario (7.) ist die größte der Insel; aufwändige Prozession mit Trachten und Musik

Fest des hl. Michael in Tuineje (13.): `INSIDER TIPP ▶` Historienschauspiel zur Schlacht von Tamacite gegen englische Piraten

La Ampuyenta (19.)

NOVEMBER/DEZEMBER

Tetir (30. Nov.); *Betancuria* (8. Dez.)

VERANSTALTUNGEN

Im März veranstaltet Corralejo ein achttägiges *Bluesfestival*. Bei *Fuertventura en Música* Ende Juni/Anf. Juli spielen Bands an den Lagunen nördlich von El Cotillo – tolle Atmosphäre. Im Mai findet in La Antigua an der Ringkampfarena die ⭐ *Feria Insular de Artesanía* statt. Ein Wochenende lang präsentieren Kunsthandwerker ihr Schaffen. Höhepunkt des Jahres ist der 🔵 *Surfer-Worldcup* vor der Lagune der Playa Barca ab Mitte Juli. Im November trifft man sich zum *Internationalen Drachenfest* in Corralejo.

FEIERTAGE

1. Januar	Neujahr
6. Januar	Dreikönigstag
März/April	Gründonnerstag, Karfreitag
1. Mai	Tag der Arbeit
30. Mai	Tag der Kanaren; Fronleichnam (Corpus Christi)
25. Juli	Sankt-Jakobs-Tag
15. August	Mariä Himmelfahrt
12. Oktober	Nationalfeiertag (Entdeckung Amerikas)
1. November	Allerheiligen
6. Dezember	Verfassungstag
8. Dezember	Mariä Empfängnis
25. Dez.	Weihnachten

LINKS, BLOGS, APPS & CO.

LINKS & BLOGS

www.fuerteventuraclick.com Vom Tourismusamt erstellte Seiten fürs Smartphone, plattformunabhängig und mehrsprachig

www.fuerteventura-infos.de Auch wenn Teile des Auftritts nicht mehr regelmäßig gepflegt werden, sind andere unschlagbar nützlich: z. B. Ortspläne, Luftaufnahmen, Listen von Unterkunftsadressen, Hotelbewertungen, Erfahrungsberichte etc.

www.sonnige-kanaren.de Deutschsprachig. Nützlich, um Ferienwohnungen und Bungalows zu finden und zu buchen oder Mietwagen zu reservieren

de.fuerteventura.com Thematisch weit gefächert, vorwiegend deutschsprachig, Anzeigen auf Engl. oder Span.; Busfahrpläne, Infos zu Transfers, Immobilien

short.travel/fue1 Wetter für die Kanarischen Inseln mit Wassertemperaturen für die Strände

www.marcopolo.de/fuerteventura Alles auf einen Blick: Interaktive Karten, aktuelle News und Angebote …

www.el-foco.de Sehr schön gemachtes, deutschsprachiges Internetmagazin zu Fuerteventura, gut gepflegt, mit Schwerpunkt Kultur

www.fuerteventurazeitung.de Deutsche Nachrichtenseiten zur Insel, häufig aktualisiert

www.kanarenexpress.com Der Auftritt bezieht sich auf alle Kanaren, aber unter „Nachrichten" und „Insel-Tipps" gibt's auch zu Fuerteventura Wissenswertes

www.freshsurf.de/blog Flott geschriebener, deutschsprachiger Wellenreiterblog mit schönen Fotos und Videos

tagoror-tv.blogspot.de Wenn Sie den Suchbegriff „Fuerteventura" eingeben, kommen Sie auf diesem Blogportal zu witzigen deutschsprachigen Nachrichten und Kommentaren

Egal, ob für Ihre Reisevorbereitung oder vor Ort: Diese Adressen bereichern Ihren Urlaub. Da manche sehr lang sind, führt Sie der short.travel-Code direkt auf die beschriebenen Websites. Falls bei der Eingabe der Codes eine Fehlermeldung erscheint, könnte das an Ihren Einstellungen zum anonymen Surfen liegen

www.sonneninsel-fuerteventura.de Hier finden Sie Reiseberichte, Urlaubsinfos und Aktuelles; der Schwerpunkt liegt auf dem Angebot von Unterkünften

casadelaburra.wordpress.com Im spanischen Blog de la Burra berichtet der Inhaber eines Ferienhauses von wichtigen kulturell-touristischen Ereignissen auf der Insel

short.travel/fue2 Benutzerforum, dazu gehört immer dienstag- und freitagabends der ICF-Chat – live mit anderen Fuerte-Fans

short.travel/fue3 *Fuerteventura live:* Fragen und Antworten zu allen wichtigen Orten, zu Restaurants und vielem mehr

VIDEOS

vimeo.com Der Suchbegriff „Fuerteventura" führt zu etlichen *channels* mit sehr schönen Videos verschiedener Themen

www.rene-egli.com Professionell gemachte, rasante Surfervideos der führenden Windsurfstation auf Jandía

www.youtube.com Hier kann man „Turismo de Fuerteventura", den Kanal von FuerteventuraOficial abonnieren – schöne Filmchen, allerdings wenig Informationsgehalt

APPS

Fuerteventura!2go Die iPhone-App für Fuerteventura; digitaler Insel- und Reiseführer mit vielen Funktionen. Mehr unter *fuerteventura2go.net*

Islas Canarias Water Sports Experience Infos zum Surfen, Segeln und anderen Wassersportangeboten (iPad)

Google Maps Navigation Nützlich für alle Smartphones auf Android-Basis; Ähnliches gibt es auch fürs iPhone und für Windows-mobile-gestützte Geräte

iTranslate Damit können Sie sich auf Spanisch verständigen (für iPhone, Android und Windows Phone erhältlich)

PRAKTISCHE HINWEISE

ANREISE

✈ Immer direkt und meistens nonstop fliegen Air Berlin, Condor, TUIfly und andere Chartergesellschaften ab Berlin, Bremen, Dortmund, Dresden, Düsseldorf, Erfurt, Frankfurt/M., Hamburg, Hannover, Köln, Leipzig, München, Münster/Osnabrück, Nürnberg, Paderborn, Stuttgart und Zweibrücken, ferner ab Luxemburg, Basel, Zürich, Salzburg und Wien. Der Flug dauert vier bis fünf Stunden. Ryan Air fliegt ab Bremen, Hahn (bei Frankfurt/M.) und Weeze (bei Duisburg) schon für weit unter 100 Euro auf die Insel. Allerdings bekommt man eine Woche Inselurlaub im Pauschalarrangement Hotel inklusive Flug zum Teil schon für unter 400 Euro. Per Linie ist die Insel nur mit Umsteigen (meist über Gran Canaria) zu erreichen. Selbst vom spanischen Festland aus werden nur sehr wenige Direktflüge angeboten.

Auf Fuerteventura ist der Transport vom Flughafen zur Ferienherberge meist im Arrangement enthalten. Am Flughafen sind zudem viele Autovermieter mit Schaltern vertreten. Ihren Mietwagen finden Sie dann auf einem der nummerierten Plätze am rechten (nördlichen) Ende des Flughafenparkplatzes.

🚢 Es gibt keine direkten Fähren. Man muss umsteigen: von Cádiz oder Huelva kommend in Arrecife auf Lanzarote (weiter per Fähre von Playa Blanca nach Corralejo) oder in Las Palmas auf Gran Canaria. Die Verbindung gibt es nur ein- bis zweimal wöchentlich; sie dauert mindestens zwei Nächte und einen Tag. Für zwei Personen plus Pkw müssen Sie mit mindestens 1500 Euro rechnen. Auskunft und Buchung der Schiffspassagen über Reisebüros oder direkt: *www.trasmediterranea.es* bzw. *www.navieraarmas.com*.

GRÜN & FAIR REISEN

Auf Reisen können auch Sie viel bewirken. Behalten Sie nicht nur die CO_2-Bilanz für Hin- und Rückreise im Hinterkopf *(www.atmosfair.de; de.myclimate.org)* – etwa indem Sie Ihre Route umweltgerecht planen *(www.routerank.com)* – , sondern achten Sie auch Natur und Kultur im Reiseland *(www.gate-tourismus. de; www.ecotrans.de)*. Gerade als Tourist ist es wichtig, auf Aspekte wie Naturschutz *(www.nabu.de; www. wwf.de)*, regionale Produkte, wenig Autofahren, Wassersparen und vieles mehr zu achten. Wenn Sie mehr über ökologischen Tourismus erfahren wollen: europaweit *www.oete.de*; weltweit *www.germanwatch.org*

AUSKUNFT VOR DER REISE

Informationen und Prospektbestellung in Deutschland unter *www.spain.info/ de_DE*

SPANISCHE FREMDENVERKEHRSÄMTER
Büros mit Publikumsverkehr in Deutschland:
– *Berlin (Lietzenburger Str. 99/6. OG | 10707 Berlin | Tel. 030 8 82 65 43)*
– *Frankfurt (Myliusstr. 14 | 60323 Frankfurt | Tel. 069 72 50 33)*

Von Anreise bis Zoll

Urlaub von Anfang bis Ende: die wichtigsten Adressen und Informationen für Ihre Fuerteventura-Reise

– München (nur per Tel. 089 53 07 46 11)
in Österreich:
– Wien (Walfischgasse 8 | 1010 Wien | Tel. 01 5 12 95 80-11 | www.spain.info/de_AT)
in der Schweiz:
– Zürich (Seefeldstr. 19 | 8008 Zürich | Tel. 04 42 53 60 50 | www.spain.info/de_CH)

AUSKUNFT VOR ORT

PATRONATO DE TURISMO
C/ Almirante Lallermand 1 | Puerto del Rosario | gegenüber der Mole | Tel. 9 28 53 08 44 | www.fuerteventuraturismo.es/de |

AUTO & MIETWAGEN

Ein internationaler Führerschein ist nicht nötig, es reicht der nationale. Die Verkehrsregeln ähneln den deutschen. Mehr dazu siehe www.eu-verbraucher.de/fileadmin/user_upload/eu-verbraucher/PDF/Laendersheets/Autofahren/Autofahren_Spanien.pdf Es herrscht Anschnallpflicht, das Tempolimit für Pkw liegt innerorts bei 50 km/h, auf Landstraßen bei 90 km/h. Die Promillegrenze liegt bei 0,25, und dabei kennt die spanische Polizei keine Nachsicht. Es gibt auch auf Fuerteventura viele Kontrollen, besonders nachts und am Wochenende. Bei Mietwagen gibt es ein großes Angebot in allen Ferienzentren und natürlich am Flughafen. Günstig sind Dreitages- und Wochentarife. Ein Kleinwagen ist etwa ab 130 Euro die Woche, ein Geländewagen für rund 70 Euro pro Tag zu haben. Vergewissern Sie sich, dass neben einer unbegrenzten Kilometerzahl auch eine Vollkasko- und eine Insassenversicherung im Preis inbegriffen sind. Das Mindestalter für Mietwagenfahrer beträgt 21 (bei manchen Firmen sogar 23) Jahre. In der Hauptsaison ist die Vorausbuchung empfehlenswert. Für normale Inselrundfahrten ist kein Jeep notwendig, wer aber Nebenstrecken und Schotterpisten befahren will, muss bedenken, dass die Mietverträge für normale Pkw das Fahren abseits befestigter Straßen meist untersagen. Für Touren ans Westkap und nach Cofete ist unabhängig von der Versicherungsfrage ein Allrad-Geländewagen sinnvoll.

BANKEN & KREDITKARTEN

Banken sind werktags meist 8.30 bis 14 Uhr, samstags bis 12.30 oder 13 Uhr geöffnet. Per Giro- oder Kreditkarte gibt's gegen Gebühr Bargeld aus Geldautomaten (deutschsprachige Benutzerführung wählbar).
Die gängigen Kreditkarten werden von vielen Banken, Hotels und Autovermietern sowie in manchen Läden und Restaurants akzeptiert.

BUSSE

17 Linien verbinden alle größeren Orte miteinander. Touristisch relevant sind die Linien 1 und 10 (Morro Jable/Costa Calma–Hauptstadt, meist stündlich), 3 (Caleta de Fuste–Hauptstadt, meist halbstündlich), 5 (Morro Jable–Costa Calma, meist stündlich), 6 (Corralejo–Hauptstadt, meist halbstündlich), 7 (Cotillo–Hauptstadt, dreimal täglich), 8 (Corralejo–Cotillo, meist stündlich) und 25 (Morro Jable/Costa Calma–Oasis Park, meist stündlich). 3 und 10 halten am Flughafen.

CAMPING

Die offiziellen Zeltplätze verfügen über keine Installationen (Toiletten, Duschen, Wasser etc.). Ihre Benutzung erfordert eine Anmeldung im Rathaus der jeweiligen Gemeinde und das Hinterlegen einer Kaution. Zeltdauer in Naturschutzgebieten maximal 7 Tage.

DIPLOMATISCHE VERTRETUNGEN

Die zuständigen Konsulate befinden sich auf Gran Canaria bzw. in Madrid.
KONSULAT DER BUNDESREPUBLIK DEUTSCHLAND
C/ Albareda 3–2° | Las Palmas | Gran Canaria | Tel. 9 28 49 18 80

KONSULAT DER REPUBLIK ÖSTERREICH
Hotel Reina Isabel | C/ Alfredo L. Jones 40 | Las Palmas | Gran Canaria | Tel. 9 28 76 13 50

KONSULAT DER SCHWEIZ
Urbanización Bahía Feliz/Edificio de Oficinas, Local 1 | 35107 Playa de Tarajalillo | Gran Canaria | Tel. 9 28 15 79 79

EINREISE

Für Deutsche, Österreicher und Schweizer genügt der Personalausweis. Keine Ausweiskontrolle bei Einreise aus Schengen-Staaten.

FÄHRVERBINDUNGEN

Zwei Reedereien bieten ab Corralejo in der Saison täglich bis zu 14 Überfahrten (Fahrzeit 25 Minuten, Preis pro Strecke ab 23,50 Euro, mit dem Pkw ab 34 Euro) zur Nachbarinsel Lanzarote (Playa Blanca) an: *Líneas Fred Olsen (Tel.*

9 02 10 01 07 | www.fredolsen.es) und *Naviera Armas (Tel. 9 02 45 65 00 | www. navieraarmas.com)*.
Beide Reedereien bieten auch Autofähren von Morro Jable nach Las Palmas de Gran Canaria (3x täglich, Fahrzeit ab 2 Stunden) mit Anschluss nach Teneriffa an. Nach Gran Canaria fährt *Naviera Armas* zudem täglich ab Puerto del Rosario.

FAHRRAD FAHREN

Achtung: Es gibt erst sehr wenige Radwege, viele Landstraßen sind schmal, und Autofahrer nehmen auf Radler meist wenig Rücksicht. Außerorts herrscht Helmpflicht, und die Promillegrenze gilt auch für Radfahrer.

FKK

An Ortsstränden und im Umfeld von Gebäuden ist hüllenloses Baden tabu, an vielen anderen Stränden aber üblich und toleriert.

FLUGVERBINDUNGEN

Täglich gibt es rund ein Dutzend Linienflüge nach Las Palmas auf Gran Canaria und bis zu vier nach Teneriffa/Los Rodeos, mehrmals wöchentlich verkehren Maschinen nach Madrid. Andere Kanarische Inseln werden nicht angeflogen. Buchung und Auskunft: *Binter (Tel. 9 02 39 13 92 | www.binternet.com)*. Sonstige Fluginformationen über *Tel. Flughafen 9 02 40 47 04*.

GESUNDHEIT

Ärzte:
Caleta de Fuste: Dr. Hans-B. Bludau *(C/ La Galera 1 | gegenüber vom CC Atlántico, hinter McDonald's | Tel. 9 28 16 37 32 | www.fuerteventura-arzt.eu)*

Corralejo: Praxis Dr. Kerstin Werner *(C/ Acorazado España 2 | Tel. 9 28 53 74 74 | www.doctora-werner.eu)*; Zahnarzt *(Av. Nuestra Sra. del Carmen 46 | neben der Apotheke | Tel. 9 28 53 51 74, Notfalltel. 6 85 39 30 85)*

Costa Calma: Dr. Karola Simoni *(C/ Entrasalas 4 | im Nordosten auf dem Berg | Tel. 6 16 23 51 21)*; Zahnärztin: Dr. G. Liesch *(Residencial Amanay 203 | Tel. 6 99 34 97 13)*

Jandía Playa: Dr. Rafael Bermejo *(Av. de Saladar 4, neben Café Magdalena, Tel. 9 28 54 03 33)*; Zahnärztin Beate Pelka *(Av. de Saladar, neben Hotel Faro | Tel. 9 28 54 17 99)*

Apotheken:
Farmacias gibt es u. a. in allen großen Ferienzentren, in Esquinzo, Puerto del Rosario und Gran Tarajal. Medikamente sind häufig günstiger als in Deutschland.

INTERNETZUGANG

Seit jeder mit dem eigenen Smartphone herumläuft, und es immer mehr Gaststätten mit WLAN gibt, hat das klassische Internetcafé so gut wie ausgedient. Tatsächlich bieten viele Cafés in allen Ferienzentren WLAN gratis an (Fragen Sie nach dem Passwort!), während sich gerade die teureren Hotels diesen Service extra bezahlen lassen – und das manchmal nicht zu knapp. Solch ein Angebot lohnt dann nur, wenn man mit Laptop unterwegs ist, den man lieber auf dem Zimmer benutzt, um ihn nicht mit herumschleppen zu müssen.

NOTRUF

Unter *Tel. 112* können Sie Polizei, Krankenwagen und Feuerwehr in Deutsch kontaktieren. Bitten Sie ansonsten im Hotel um Hilfe.

ÖFFNUNGSZEITEN

Läden haben unter der Woche meist 9–13 und 17–20 Uhr, in den Ferienzentren vielfach auch am Wochenende geöffnet.

POST

Postämter gibt es in Corralejo, Costa Calma, Gran Tarajal und Morro Jable *(Mo–Sa bis Mittag)* sowie in Puerto del Rosario *(Mo–Fr 8.30–20.30, Sa 9.30–13 Uhr)*. Briefmarken erhalten Sie auch an den Rezeptionen der Hotels. Oft handelt es sich um Marken privater Postfirmen. Stecken Sie damit frankierte Post nicht in öffentliche Briefkästen, sondern geben Sie sie dort ab, wo Sie die Marken gekauft haben. Postkarten und Standardbriefe ins EU-Ausland und in die Schweiz kosten zzt. 76 Cent.

PREISE

Die Preise auf Fuerteventura sind mittlerweile generell mit denen in Deutschland bzw. Österreich und der Schweiz vergleichbar. Ein einfaches Mittagessen im preisgünstigsten Lokal ist allerdings schon für 7 bis 8 Euro zu haben. Rechnen Sie aber für ein Abendessen im Restaurant eher mit 15 bis 25 Euro pro Person. Der Strandzugang ist überall kostenlos, aber für Liegen und Sonnenschirme wird z. T. kräftig abkassiert. Alkoholische Getränke, Tabakwaren und Benzin sind deutlich billiger als zu Hause.

RADIO & FERNSEHEN

In nahezu allen größeren Unterkünften werden die gängigen deutschen Fernsehprogramme über das hauseigene Kabelnetz und damit auf die Zimmer-TV-Geräte übertragen. Deutsche Hörfunknachrichten gibt es im Norden auf UKW 102,7 MHz, inselweit auf MW 747 KHz. Im Süden sendet Radio Costa Calma unter dem Namen *Hola FM* auf 95,1 MHz.

RAUCHEN

Wie in Deutschland hat auch der spanische Gesetzgeber das Rauchen in Gaststätten verboten, sofern ein separater Raucherraum fehlt. Eine zunächst bestehende Gesetzeslücke, die es erlaubte, das ganze Lokal zur Raucherzone zu erklären, wurde unterdessen geschlossen. Das Problem ist aber eher theoretischer Natur: Die meisten Gäste sitzen sowieso draußen.

REISEZEIT & KLEIDUNG

Saison ist im Prinzip das ganze Jahr über. Die Luft- und Wassertemperaturen sind jedoch im Herbst am angenehmsten. Im Hochsommer können die starke Sonnenstrahlung und die stets kräftig wehenden Winde empfindliche Naturen und Kleinkinder – fliegender Sand am Strand! –

durchaus belasten. Von Januar bis April kann es recht kühl werden, auch die Wassertemperaturen sind dann zum Baden nicht wirklich angenehm. Nehmen Sie immer eine lange Hose und eine Windjacke, im Winter und Frühjahr zusätzlich einen warmen Pullover mit, denn die Abende sind meist recht frisch. Die Hauptsaisonpreise gelten in der Regel für die Monate Juli und August und für die Zeit um Weihnachten herum. Achtung: Im August machen viele Restaurants Betriebsferien.

TAXI

Der Grundtarif beträgt werktags 6–22 Uhr 3,05 Euro, pro Kilometer kommen 0,53 Euro hinzu; nachts und feiertags 3,35 bzw. 0,60 Euro.

TELEFON & HANDY

Münzfernsprecher sind hier noch zahlreich vorhanden. Ins Ausland telefoniert man aber billiger aus Fernsprechläden (*locutorios*) oder mit sogenannten *teletarjetas*, Karten mit aufzurubbelnder Geheimzahl, erhältlich zu Gegenwerten ab 5 Euro; man kann sie an jedem Apparat außer an den älteren öffentlichen Telefonen verwenden.

Seit die Europäische Union die Roaming-Preise innerhalb der EU gedeckelt hat, ist es egal, in welchem spanischen Mobilfunknetz man telefoniert. Der Erwerb einer spanischen SIM-Karte zur weiteren Kostensenkung lohnt sich jedoch, wenn man häufiger nach Spanien fährt oder viel telefoniert oder häufiger innerspanische Telefonate tätigt bzw. empfängt. Mehr Informationen dazu finden Sie unter *www.teltarif.de/roaming/spanien/handy.html*.

Vorwahl nach Deutschland: 0049; nach Österreich: 0043; in die Schweiz: 0041;

WAS KOSTET WIE VIEL?

Kamelritt	**12 Euro**
	Kinder 8 Euro
Kaffee	**1,10 Euro**
	für einen Espresso
Mietwagen	**Ab 85 Euro**
	für drei Tage
Windsurfen	**160 Euro**
	für einen 6-Stunden-Anfängerkurs
Benzin	**1,10 Euro**
	für einen Liter Normal
Inselrundfahrt	**50 Euro**
	mit Bus und Reiseleitung

nach Spanien: 0034. Ihr Mobiltelefon wählt sich automatisch in ein spanisches Netz ein.

TRINKGELD

Bei Kellnern und Taxifahrern rundet man den Rechnungsbetrag normalerweise um 5–10 Prozent auf. Für Zimmermädchen werden 3 Euro zu Beginn empfohlen, dann alle vier, fünf Tage je nach Leistung und Zufriedenheit des Gastes. Auch für andere Dienste sind kleine Trinkgelder üblich.

WASSER

Trinkwasser wird überall in großen Plastikflaschen bzw. -kanistern verkauft. Das Leitungswasser ist hygienisch zwar einwandfrei, sollte aber wegen fehlender Mineralstoffe nicht in größeren Mengen getrunken werden.

ZEIT

Gegenüber der MEZ ist die Zeit auf Fuerteventura ganzjährig 1 Std. zurück (zeitgleiche Umstellung auf Winter- bzw. Sommerzeit).

ZOLL

Die Kanaren sind Freihandelszone ohne Zollkontrolle. Bei der Einreise ins Heimatland gelten als Freimengen: 200 Zigaretten oder 100 Zigarillos oder 50 Zigarren oder 250 g Tabak, 1 l Spirituosen mit mehr als 22 Vol.-% (Alkohol) oder 2 l Wein, 50 g Parfum oder 0,25 l Eau de toilette sowie Waren und Souvenirs im Gesamtwert von 430 Euro.

WETTER AUF FUERTEVENTURA

	Jan.	Feb.	März	April	Mai	Juni	Juli	Aug.	Sept.	Okt.	Nov.	Dez.
Tagestemperaturen in °C	19	19	20	21	23	24	27	27	26	24	21	19
Nachttemperaturen in °C	12	12	13	13	15	16	18	19	18	17	15	13
Sonnenschein Stunden/Tag	6	7	8	8	9	9	10	10	8	7	6	6
Niederschlag Tage/Monat	3	2	1	1	1	0	0	0	0	1	3	3
Wassertemperaturen in °C	18	18	17	17	18	20	20	21	22	22	20	19

SPRACHFÜHRER SPANISCH

AUSSPRACHE

c	vor „e" und „i" stimmloser Lispellaut wie englisches „th"
ch	stimmloses „tsch" wie in „tschüss"
g	vor „e, i" wie deutsches „ch" in „Bach"
gue, gui/que, qui	das „u" ist stumm, wie deutsches „ge", „gi"/„ke", „ki"
j	immer wie deutsches „ch" in „Bach"
ll, y	wie deutsches „j"
ñ	wie deutsches „nj"

AUF EINEN BLICK

ja/nein/vielleicht	sí/no/quizás
bitte/danke	por favor/gracias
Hallo!/Auf Wiedersehen!/Tschüss!	¡Hola!/¡Adiós!/¡Hasta luego!
Gute(n) Morgen!/Tag!/Abend!/Nacht!	¡Buenos días!/¡Buenos días!/¡Buenas tardes!/¡Buenas noches!
Entschuldige!/Entschuldigen Sie!	¡Perdona!/¡Perdone!
Darf ich ...?	¿Puedo ...?
Wie bitte?	¿Cómo dice?
Ich heiße ...	Me llamo ...
Wie heißen Sie?/Wie heißt Du?	¿Cómo se llama usted?/¿Cómo te llamas?
Ich komme aus ...	Soy de ...
Deutschland/Österreich/Schweiz	Alemania/Austria/Suiza
Ich möchte .../Haben Sie ...?	Querría .../¿Tiene usted ...?
Wie viel kostet ...?	¿Cuánto cuesta ...?
Das gefällt mir (nicht).	Esto (no) me gusta.
gut/schlecht	bien/mal
kaputt/funktioniert nicht	roto/no funciona
zu viel/viel/wenig/alles/nichts	demasiado/mucho/poco/todo/nada
Hilfe!/Achtung!/Vorsicht!	¡Socorro!/¡Atención!/¡Cuidado!
Krankenwagen/Polizei/Feuerwehr	ambulancia/policía/bomberos
Darf ich hier fotografieren?	¿Podría fotografiar aquí?

DATUMS- & ZEITANGABEN

Montag/Dienstag/Mittwoch	lunes/martes/miércoles
Donnerstag/Freitag/Samstag	jueves/viernes/sábado
Sonntag/Werktag/Feiertag	domingo/laborable/festivo

¿Hablas español?

„Sprichst du Spanisch?" Dieser Sprachführer hilft Ihnen, die wichtigsten Wörter und Sätze auf Spanisch zu sagen

heute/morgen/gestern	hoy/mañana/ayer
Stunde/Minute/Sekunde/Augenblick	hora/minuto/segundo/momento
Tag/Nacht/Woche/Monat/Jahr	día/noche/semana/mes/año
jetzt/sofort/früher/später	ahora/enseguida/antes/después
Wie viel Uhr ist es?	¿Qué hora es?
Es ist drei Uhr./Es ist halb vier.	Son las tres./Son las tres y media.
Viertel vor vier/Viertel nach vier	cuatro menos cuarto/ cuatro y cuarto

UNTERWEGS

offen/geschlossen/Öffnungszeiten	abierto/cerrado/horario
Eingang/Einfahrt/Ausgang/Ausfahrt	entrada/acceso/salida/salida
Abfahrt/Abflug/Ankunft	salida/salida/llegada
Toiletten/Damen/Herren	aseos/señoras/caballeros
frei/besetzt	libre/ocupado
(kein) Trinkwasser	agua (no) potable
Wo ist ...? / Wo sind ...?	¿Dónde está ...? /¿Dónde están ...?
links/rechts	izquierda/derecha
geradeaus/zurück	recto/atrás
nah/weit	cerca/lejos
Ampel/Ecke/Kreuzung	semáforo/esquina/cruce
Bus/Straßenbahn/U-Bahn/Taxi	autobús/tranvía/metro/taxi
Haltestelle/Taxistand	parada/parada de taxis
Parkplatz/Parkhaus	parking/garaje
Stadtplan/(Land-)Karte	plano de la ciudad/mapa
Bahnhof/Hafen/Flughafen	estación/puerto/aeropuerto
Fähre/Anleger	transbordador/muelle
Fahrplan/Fahrschein/Zuschlag	horario/billete/suplemento
einfach/hin und zurück	sencillo/ida y vuelta
Zug/Gleis/Bahnsteig	tren/vía/andén
Verspätung/Streik	retraso/huelga
Ich möchte ... mieten	Querría ... alquilar
ein Auto/ein Fahrrad/ein Boot	un coche/una bicicleta/un barco
Tankstelle/Benzin/Diesel	gasolinera/gasolina/diesel
Panne/Werkstatt	avería/taller

ESSEN & TRINKEN

Reservieren Sie uns bitte für heute Abend einen Tisch für vier Personen.	Resérvenos, por favor, una mesa para cuatro personas para hoy por la noche.
auf der Terrasse/am Fenster	en la terraza/junto a la ventana
Die Speisekarte, bitte!	¡El menú, por favor!

Könnten Sie mir bitte … bringen?	¿Podría traerme … por favor?
Flasche/Karaffe/Glas	botella/jarra/vaso
Messer/Gabel/Löffel	cuchillo/tenedor/cuchara
Salz/Pfeffer/Zucker	sal/pimienta/azúcar
Essig/Öl/Milch/Zitrone	vinagre/aceite/leche/limón
kalt/versalzen/nicht gar	frío/demasiado salado/sin hacer
mit/ohne Eis/Kohlensäure	con/sin hielo/gas
Vegetarier/Vegetarierin/Allergie	vegetariano/vegetariana/alergía
Ich möchte zahlen, bitte.	Querría pagar, por favor.
Rechnung/Quittung/Trinkgeld	cuenta/recibo/propina

EINKAUFEN

Apotheke/Drogerie	farmacia/droguería
Bäckerei/Markt	panadería/mercado
Metzgerei/Fischgeschäft	carnicería/pescadería
Einkaufszentrum/Kaufhaus	centro comercial/grandes almacenes
Geschäft/Supermarkt/Kiosk	tienda/supermercado/quiosco
100 Gramm/1 Kilo	cien gramos/un kilo
teuer/billig/Preis	caro/barato/precio
mehr/weniger	más/menos
aus biologischem Anbau	de cultivo ecológico

ÜBERNACHTEN

Ich habe ein Zimmer reserviert.	He reservado una habitación.
Haben Sie noch …?	¿Tiene todavía …?
Einzelzimmer/Doppelzimmer	habitación individual/habitación doble
Frühstück/Halbpension/Vollpension	desayuno/media pensión/pensión completa
nach vorne/zum Meer/zum Garten	hacia delante/hacia el mar/hacia el jardín
Dusche/Bad	ducha/baño
Balkon/Terrasse	balcón/terraza
Schlüssel/Zimmerkarte	llave/tarjeta
Gepäck/Koffer/Tasche	equipaje/maleta/bolso
Schwimmbad/Spa/Sauna	piscina/spa/sauna
Seife/Toilettenpapier/Windel	jabón/papel higiénico/pañal
Babybett/Kinderstuhl/wickeln	cuna/trona/cambiar los pañales
Anzahlung/Kaution	anticipo/caución

BANKEN & GELD

Bank/Geldautomat/Geheimzahl	banco/cajero automático/número secreto
bar/Kreditkarte	en efectivo/tarjeta de crédito
Banknote/Münze/Wechselgeld	billete/moneda/cambio

SPRACHFÜHRER

GESUNDHEIT

Arzt/Zahnarzt/Kinderarzt	médico/dentista/pediatra
Krankenhaus/Notfallpraxis	hospital/urgencias
Fieber/Schmerzen/entzündet/verletzt	fiebre/dolor/inflamado/herido
Durchfall/Übelkeit/Sonnenbrand	diarrea/náusea/quemadura de sol
Pflaster/Verband/Salbe/Creme	tirita/vendaje/pomada/crema
Schmerzmittel/Tablette/Zäpfchen	calmante/comprimido/supositorio

TELEKOMMUNIKATION & MEDIEN

Briefmarke/Brief/Postkarte	sello/carta/postal
Ich brauche eine Telefonkarte.	Necesito una tarjeta telefónica.
Ich suche eine Prepaidkarte für mein Handy.	Busco una tarjeta prepago para mi móvil.
Wo finde ich einen Internetzugang?	¿Dónde encuentro un acceso a internet?
wählen/Verbindung/besetzt	marcar/conexión/ocupado
Steckdose/Adapter/Ladegerät	enchufe/adaptador/cargador
Computer/Batterie/Akku	ordenador/batería/batería recargable
E-Mail(-Adresse)/At-Zeichen	(dirección de) correo electrónico/arroba
Internetadresse (URL)	dirección de internet
Internetanschluss/WLAN	conexión a internet/wifi
Datei/ausdrucken	archivo/imprimir

FREIZEIT, SPORT & STRAND

Strand/Sonnenschirm/Liegestuhl	playa/sombrilla/tumbona
Ebbe/Flut/Strömung	marea baja/marea alta/corriente
Seilbahn/Sessellift	funicular/telesilla

ZAHLEN

0	cero	14	catorce
1	un, uno, una	15	quInce
2	dos	16	dieciséis
3	tres	17	diecisiete
4	cuatro	18	dieciocho
5	cinco	19	diecinueve
6	seis	20	veinte
7	siete	100	cien, ciento
8	ocho	200	doscientos, doscientas
9	nueve	1000	mil
10	diez	2000	dos mil
11	once	10 000	diez mil
12	doce	1/2	medio
13	trece	1/4	un cuarto

REISEATLAS

Unterwegs auf Fuerteventura

Die Seiteneinteilung für den Reiseatlas finden Sie auf
dem hinteren Umschlag dieses Reiseführers

1

2km
1.24 mi

ATLÁNTICO

Bajo de Picacho
Punta del Rincón
Punta Blanca
Caleta Salines
Majan
Caleta de Beatriz

Punta Aguda

Punta de la Ballena o de Tostón
(2)
Faro de Tostón

Punta de la Enrocadiza

2

Urban. los Lagos

Punta La Barra

Casa de la Costilla
El Roque
FV10
M'ña La Costilla

El Cotillo

Castillo de Rico Roque
Cuata del Roque
(La)

Playa del Castillo

10

Playa del Algibe de la Cueva

Cerco Prieto

3

Playa del Águila

Punta Las Roquecillas

Casas de Taca
Blanca
308
Las Gavias
Rosa de los Mí

Playa de Esquinzo

Punta de los Caletones

1,5

OCÉANO

Punta de Paso Chico

7
Oliva
326
Molino
Hoya Honda

4

Las Corihuelas

Aljibe y Molino

Playa de Tebeto

Los Pedregales

Montaña Tindaya
FV10

Tindaya

40

Playa de la Mujer

FV

Playa de Jarugo

Montaña Quemada
294
Muda
Pai

5

Barranco
de

Monumento a Don Miguel de Unamuno

La Matilla
686

Punta del Salvaje

Aceitunal
FV1

El Puertito de los Molinos

Molino y Estanque

Los Molinos

Horno

2

Molinos

Rincón del Moral

Las Parcelas
FV221

Tefía
Ermita de San Augustín

Bahía de las Gaviotas

Ecomuseo de la Alcogida

11

6

Caleta Grande

Salinas
332

625
Cuchillos
Cortijo de

Playa de los Mozos

Embalse de los Molinos

Parque

130

126

Degolla de la Vista de Casillas

Punta de los Herreños

del Cabo
355

Casillas del Angel

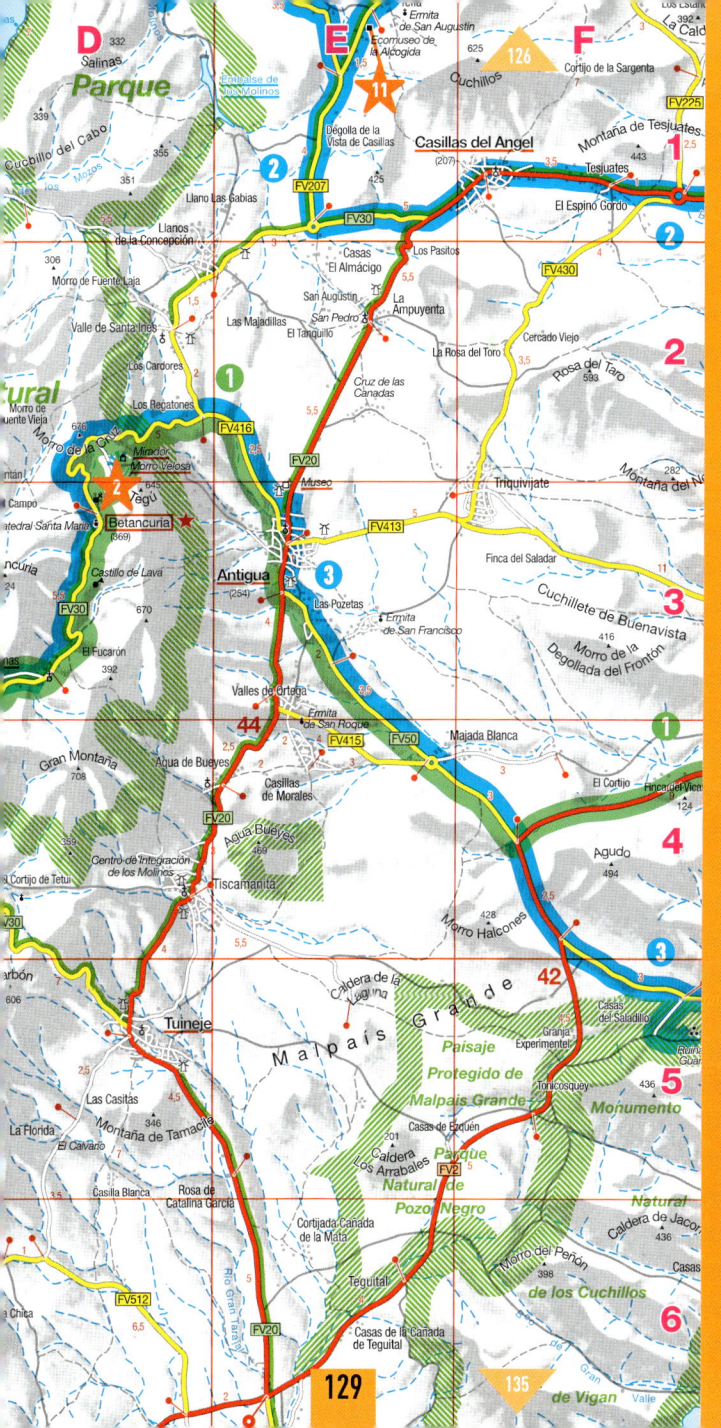

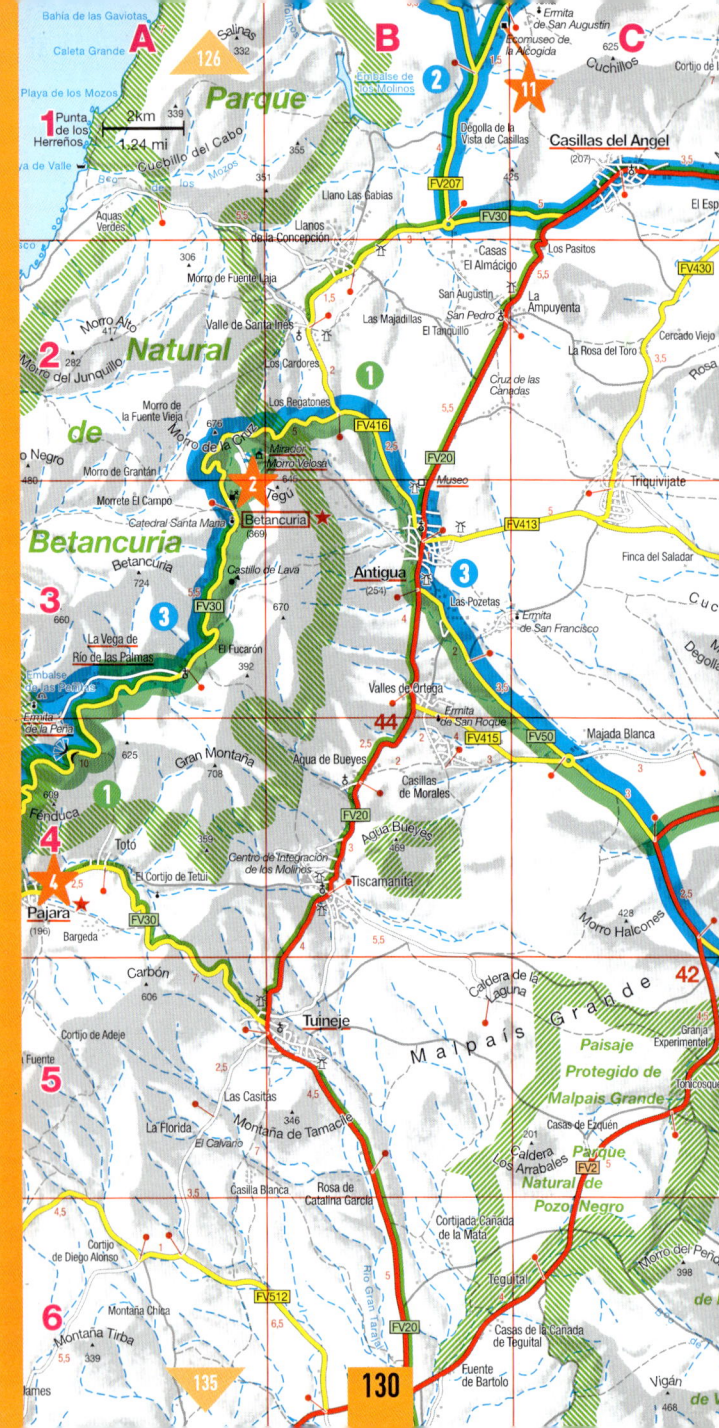

La Caldereta El Alto
Laderas del Viso
La Asomada
FV225
Tesjuates
342
FV20
275
Zurita
FV10
La Rosa de la Villa
FV3
Rosa de Juana Sánchez
Rosa de las Arenas
Punta de las Arenas
Punta del Gavioto
(23)
Cádiz
127

Puerto del Rosario

⭐ 12   ⭐ 14

Embalse de Río Cabras
FV2   **Playa Blanca**
Parador
259
Punta de Piedra Cal
Playa Blanca
Punta del Viento
Aeropuerto de Fuerteventura
282
FUE
Punta Gonzalo
El Matorral
Playa del Matorral
Punta Negra
Playa de las Caletitas
11
Punta del Cangrejito
C.ª de Paricha
FV413
Dinero
Nuevo Horizonte
Caleta de la Camella
Costa de Antigua
Caleta Corcha
Montaña Blanca de Abajo
192
Caleta de Fuste
El Castillo
Punta del Bajo
Playa del Castillo
Buenavista
232
Corrales de Miraflor
La Guirra
Caleta de la Guirra
cardie/Vicario
124
FV2
Las Salinas
Playa del Muellito
263
Finca de la Torre
Puerto de la Torre
Caleta de la Ballena
Playa de Leandro
7
FV420
Punta del Viento
Pozo Negro
Ensenada de Pozo Negro
Punta Medina
Playa de los Vallichuelos
Playa de la Cueva
Ensenada de Toneles
Punta Camino del Medio
de Jacomar
436
Casas de Jacomar
Ensenada de Puerto Rico
Punta Las Borriquillas
Ensenada de Jacomar
Ensenada de Valle Corto
Punta del Cháfiro

A T L Á N T I C O

O C É A N O

Las Palmas de Gran Canaria

D   E   F
1
2
3
4
5
6

A

B

C

1

2km
1.24 mi

2

3

O C É A N O   A T L

4

Playa

EL ISLOTE

Punta Pesebre

Punta de Mal Rayo

Punta de Barlovento
Roque del Moro

★ Playa de Cofete

Caleta de la Madera

Punta Cotillo o de Cachorros

Las Talahijas

Cofete

Casa y Manantial del Mosquito

Fraile
683

Jar

5

de Ja

Playa de Ojos

M a c i z o

Las Pilas

424

Cuchillo del Palo

Casas de Gran Valle

485

Punta del Tigre

Cueva de la Negra
La Bajita

441

Morro Mungia

390

Punta Salinas

Playa de las Pilas

Puerto de la Cruz

Playa de Juán Gómez

Casas de Joros

Punta de Jandía

Punta del Viento

6

Las Palmas de Gran Canaria

Puerto de la Cebaba

Cardh

Morro Ja

(27)

132

D E F

128
Cueva de Lobos
Playa de Amanay
Punta Amanay

1

382
306

ATLÁNTICO

Punta de las Goteras

Playa de Terife
Cortijo de Chilegua

Playas Negras

2

Playa de Ugán

Puerto Nuevo
2.5
1.5

195

Punta de Guadalupe
Playa de la Pared
Playa del Viejo Rey

La Pared

3

123
Granillo

FV605
Matas Blancas

Agua Tres Piedras

Istmo de la Pared
Playa de Matas Blancas

Punta Paloma
Punta de los Molinillos
Costa Calma

Punta de Playa Larga

4

Parque Natural
Barlovento
Jandía

53
158
Playa Esmeralda

10

Agua Melianes
515
Loma Negra
FV2
Los Gorriones
2.5

6

Casas de Pecenescal
335
Barca

Morro de la Burra
Casas de los Canarios de Arriba
394
El Paso
DC0

621
Montaña Blanca
Casas Bajas del Paso

Casas de los Canarios de Abajo

5

Casas de Mal Nombre

Playas de Sotavento de Jandía

Casas de Esquinzo

Tierra Dorada
Boca de Mal Nombre

Esquinzo

6

255
Agua
Butihondo

FV2
Playa de Butihondo
Matorral
Aldiana Club

Jandía Playa

Punta del Matorral
o del Morro Jable

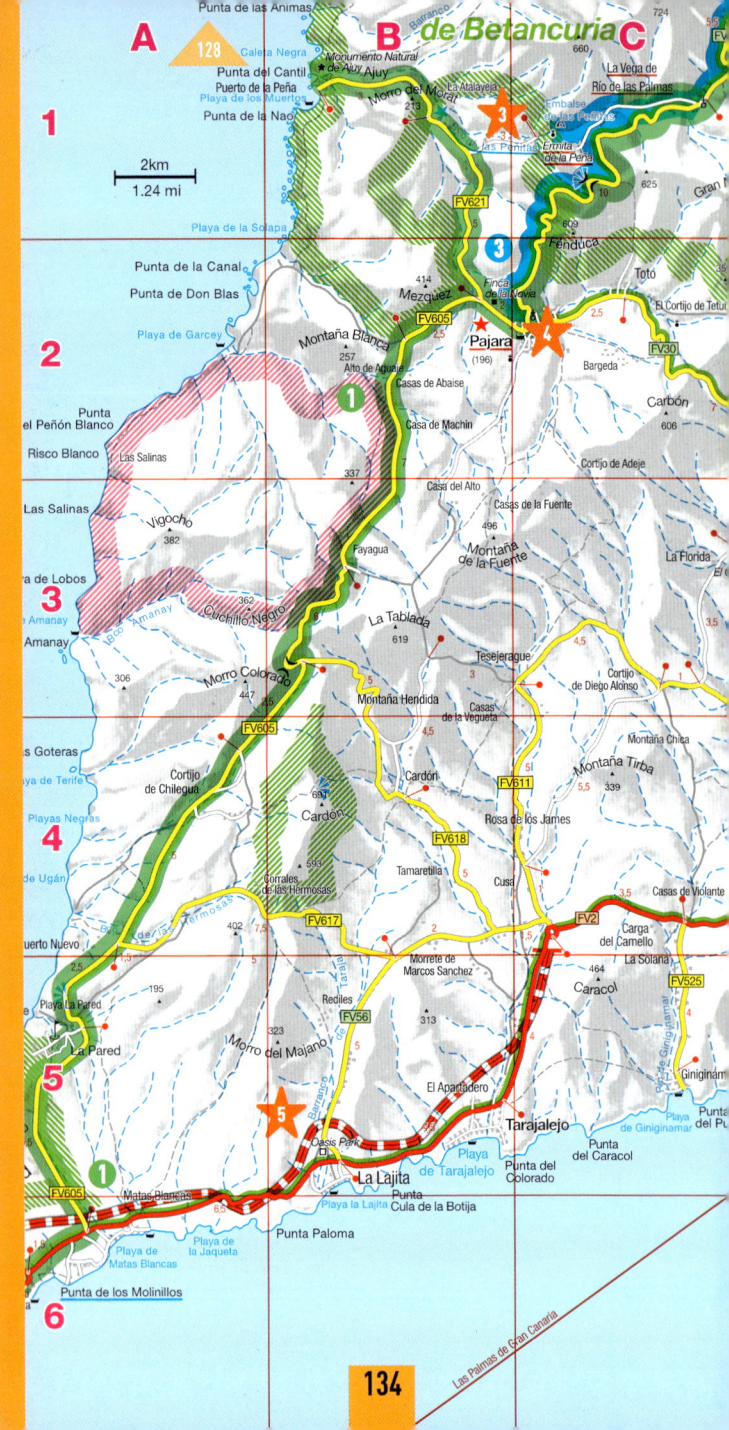

de Betancuria

KARTENLEGENDE

Autobahn · Gebührenpflichtige Anschlussstelle · Gebührenstelle · Anschlussstelle mit Nummer · Rasthaus mit Übernachtung · Raststätte · Kleinraststätte · Tankstelle · Parkplatz mit und ohne WC		Motorway · Toll junction · Toll station · Junction with number · Motel · Restaurant · Snackbar · Filling-station · Parking place with and without WC
Autobahn in Bau und geplant mit Datum der voraussichtlichen Verkehrsübergabe		Motorway under construction and projected with expected date of opening
Zweibahnige Straße (4-spurig)		Dual carriageway (4 lanes)
Fernverkehrsstraße · Straßennummern		Trunk road · Road numbers
Wichtige Hauptstraße		Important main road
Hauptstraße · Tunnel · Brücke		Main road · Tunnel · Bridge
Nebenstraßen		Minor roads
Fahrweg · Fußweg		Track · Footpath
Wanderweg (Auswahl)		Tourist footpath (selection)
Eisenbahn mit Fernverkehr		Main line railway
Zahnradbahn, Standseilbahn		Rack-railway, funicular
Kabinenschwebebahn · Sessellift		Aerial cableway · Chair-lift
Autofähre · Personenfähre		Car ferry · Passenger ferry
Schifffahrtslinie		Shipping route
Naturschutzgebiet · Sperrgebiet		Nature reserve · Prohibited area
Nationalpark · Naturpark · Wald		National park · natural park · Forest
Straße für Kfz. gesperrt		Road closed to motor vehicles
Straße mit Gebühr		Toll road
Straße mit Wintersperre		Road closed in winter
Straße für Wohnanhänger gesperrt bzw. nicht empfehlenswert		Road closed or not recommended for caravans
Touristenstraße · Pass		Tourist route · Pass
Schöner Ausblick · Rundblick · Landschaftlich bes. schöne Strecke		Scenic view · Panoramic view · Route with beautiful scenery
Heilbad · Schwimmbad		Spa · Swimming pool
Jugendherberge · Campingplatz		Youth hostel · Camping site
Golfplatz · Sprungschanze		Golf-course · Ski jump
Kirche im Ort, freistehend · Kapelle		Church · Chapel
Kloster · Klosterruine		Monastery · Monastery ruin
Synagoge · Moschee		Synagogue · Mosque
Schloss, Burg · Schloss-, Burgruine		Palace, castle · Ruin
Turm · Funk-, Fernsehturm		Tower · Radio-, TV-tower
Leuchtturm · Kraftwerk		Lighthouse · Power station
Wasserfall · Schleuse		Waterfall · Lock
Bauwerk · Marktplatz, Areal		Important building · Market place, area
Ausgrabungs- u. Ruinenstätte · Bergwerk		Arch. excavation, ruins · Mine
Dolmen · Menhir · Nuraghen		Dolmen · Menhir · Nuraghe
Hünen-, Hügelgrab · Soldatenfriedhof		Cairn · Military cemetery
Hotel, Gasthaus, Berghütte · Höhle		Hotel, inn, refuge · Cave

Kultur
Malerisches Ortsbild · Ortshöhe

Eine Reise wert

Lohnt einen Umweg

Sehenswert

Landschaft
Eine Reise wert

Lohnt einen Umweg

Sehenswert

Culture
Picturesque town · Elevation

Worth a journey

Worth a detour

Worth seeing

Landscape
Worth a journey

Worth a detour

Worth seeing

MARCO POLO Erlebnistour 1 | **MARCO POLO Discovery Tour 1**

MARCO POLO Erlebnistouren | **MARCO POLO Discovery Tours**

MARCO POLO Highlight | **MARCO POLO Highlight**

ALLE **MARCO POLO** REISEFÜHRER

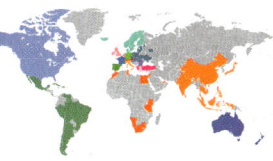

DEUTSCHLAND
Allgäu
Bayerischer Wald
Berlin
Bodensee
Chiemgau/
Berchtesgadener
Land
Dresden/
Sächsische Schweiz
Düsseldorf
Eifel
Erzgebirge/
Vogtland
Föhr & Amrum
Franken
Frankfurt
Hamburg
Harz
Heidelberg
Köln
Lausitz/Spreewald/
Zittauer Gebirge
Leipzig
Lüneburger Heide/
Wendland
Mecklenburgische
Seenplatte
Mosel
München
Nordseeküste
Schleswig-Holstein
Oberbayern
Ostfriesische Inseln
Ostfriesland/Nord-
seeküste Nieder-
sachsen/Helgoland
Ostseeküste
Mecklenburg-
Vorpommern
Ostseeküste
Schleswig-Holstein
Pfalz
Potsdam
Rheingau/
Wiesbaden
Rügen/Hiddensee/
Stralsund
Ruhrgebiet
Schwarzwald
Stuttgart
Sylt
Thüringen
Usedom
Weimar

ÖSTERREICH
SCHWEIZ
Kärnten

Österreich
Salzburger Land
Schweiz
Steiermark
Tessin
Tirol
Wien
Zürich

FRANKREICH
Bretagne
Burgund
Côte d'Azur/
Monaco
Elsass
Frankreich
Französische
Atlantikküste
Korsika
Languedoc-
Roussillon
Loire-Tal
Nizza/Antibes/
Cannes/Monaco
Normandie
Paris
Provence

ITALIEN
MALTA
Apulien
Dolomiten
Elba/Toskanischer
Archipel
Emilia-Romagna
Florenz
Gardasee
Golf von Neapel
Ischia
Italien
Italienische Adria
Italien Nord
Italien Süd
Kalabrien
Ligurien
Cinque Terre
Mailand/
Lombardei
Malta & Gozo
Oberital. Seen
Piemont/Turin
Rom
Sardinien
Sizilien/
Liparische Inseln
Südtirol
Toskana
Venedig
Venetien & Friaul

SPANIEN
PORTUGAL
Algarve
Andalusien
Barcelona
Baskenland/
Bilbao
Costa Blanca
Costa Brava
Costa del Sol
Granada
Fuerteventura
Gran Canaria
Ibiza/Formentera
Jakobsweg
Spanien
La Gomera/
El Hierro
Lanzarote
La Palma
Lissabon
Madeira
Madrid
Mallorca
Menorca
Portugal
Teneriffa

NORDEUROPA
Bornholm
Dänemark
Finnland
Island
Kopenhagen
Norwegen
Oslo
Schweden
Stockholm
Südschweden

WESTEUROPA
BENELUX
Amsterdam
Brüssel
Dublin
Edinburgh
England
Flandern
Irland
Kanalinseln
London
Luxemburg
Niederlande
Niederländische
Küste
Schottland
Südengland

OSTEUROPA
Baltikum
Budapest
Danzig
Krakau
Masurische Seen
Moskau
Plattensee
Polen
Polnische
Ostseeküste/

Danzig
Prag
Slowakei
St. Petersburg
Tallinn
Tschechien
Ungarn
Warschau

SÜDOSTEUROPA
Bulgarien
Bulgarische
Schwarzmeerküste
Kroatische Küste
Dalmatien
Istrien/Kvarner
Montenegro
Rumänien
Slowenien

GRIECHENLAND
TÜRKEI
ZYPERN
Athen
Chalkidiki/
Thessaloniki
Griechenland
Festland
Griechische Inseln/
Ägäis
Istanbul
Korfu
Kos
Kreta
Peloponnes
Rhodos
Samos
Santorin
Türkei
Türkische Südküste
Türkische Westküste
Zákinthos/Itháki/
Kefalloniá/Léfkas
Zypern

NORDAMERIKA
Chicago und
die Großen Seen
Florida
Hawai'i
Kalifornien
Kanada
Kanada Ost
Kanada West
Las Vegas
Los Angeles
New York
San Francisco
USA
USA Ost
USA Südstaaten/
New Orleans
USA Südwest
USA West
Washington D.C.

MITTEL- UND
SÜDAMERIKA
Argentinien
Brasilien

Chile
Costa Rica
Dominikanische
Republik
Jamaika
Karibik/
Große Antillen
Karibik/
Kleine Antillen
Kuba
Mexiko
Peru & Bolivien
Yucatán

AFRIKA UND
VORDERER
ORIENT
Ägypten
Djerba/
Südtunesien
Dubai
Israel
Jordanien
Kapstadt/
Wine Lands/
Garden Route
Kapverdische
Inseln
Kenia
Marokko
Namibia
Rotes Meer & Sinai
Südafrika
Tansania/Sansibar
Tunesien
Vereinigte
Arabische Emirate

ASIEN
Bali/Lombok/Gilis
Bangkok
China
Hongkong/Macau
Indien
Indien/Der Süden
Japan
Kambodscha
Ko Samui/
Ko Phangan
Krabi/
Ko Phi Phi/
Ko Lanta
Malaysia
Nepal
Peking
Philippinen
Phuket
Shanghai
Singapur
Sri Lanka
Thailand
Tokio
Vietnam

INDISCHER OZEAN
UND PAZIFIK
Australien
Malediven
Mauritius
Neuseeland
Seychellen

Viele MARCO POLO Reiseführer gibt es auch als eBook – und es kommen ständig neue dazu!
Checken Sie das aktuelle Angebot einfach auf: www.marcopolo.de/e-books

REGISTER

In diesem Register finden Sie alle Orte, Ausflugsziele und Sehenswürdigkeiten sowie wichtige Stichworte und Personen. Gefettete Seitenzahlen verweisen auf den Haupteintrag.

SCHREIBEN SIE UNS!

Egal, was Ihnen Tolles im Urlaub begegnet oder Ihnen auf der Seele brennt, lassen Sie es uns wissen! Ob Lob, Kritik oder Ihr ganz persönlicher Tipp – die MARCO POLO Redaktion freut sich auf Ihre Infos.
Wir setzen alles dran, Ihnen möglichst aktuelle Informationen mit auf die Reise zu geben. Dennoch schleichen sich manchmal Fehler ein – trotz gründlicher Recherche unserer Autoren/innen. Sie haben sicherlich Verständnis, dass der Verlag dafür keine Haftung übernehmen kann.

MARCO POLO Redaktion
MAIRDUMONT
Postfach 31 51
73751 Ostfildern
info@marcopolo.de

IMPRESSUM
Titelbild: Montaña de Escanfraga bei Villaverde (Getty Images: R. Eastham & M. Paoli)
Fotos: Casa de la Burra: Marta Cabrera Hernández (19 o.); Corbis/JAI: S. Lubenow (96); DuMont Bildarchiv: S. Lubenow (46), Lumma (101, 112 o.), Widmann (Klappe l., 14, 41, 65, 110/111), Zaglitsch (20/21, 29, 49, 64); f1online: Pritz (70/71); f1online/AGE: (43), Melba (18 o.); Getty Images: R. Eastham & M. Paoli (1 o.), H. Sorensen (2); Getty Images/Cultura (106/107); Getty Images/Westend61 (3); huber-images: P. Canali (34, 88), M. Rellini (4 o., 32/33, 89, 99), Ripani (59), R. Schmid (4 u., 26/27, 37, 54/55, 68, 77, 81, 82, 112 u.); © iStockphoto: Christian Martínez Kempin (19 u.), naphtalina (18 u.); Laif: Eid (74), Hilger (67, 105), I. Kuerschner (78/79); Look: Frei (60), A. T. Friedel (90/91), Limberger (86), S. Lubenow (7), J. Richter (9, 10, 25, 44, 50, 110); Look/age fotostock (12/13, 17, 31, 113); mauritius images/age (8, 22, 28 l.); mauritius images/Alamy (56); mauritius images/Cultura (5, 102/103); mauritius images/imagebroker: Eisele-Hein (11), Siepmann (28 r., 30/31, 63), Tack (38); mauritius images/imagebroker/68images (6); mauritius images/Science Photos Library (30); D. Renckhoff (108, 109, 111); Schapowalow/SIME: P. Canali (Klappe r., 72); H.-W. Schütte (1 u.); Skeleton Sea (18 M.); vario images/imagebroker (53, 84/85); vario images/KRPL (124/125)

18. Auflage 2016
Komplett überarbeitet und neu gestaltet
© MAIRDUMONT GmbH & Co. KG, Ostfildern
Chefredaktion: Marion Zorn
Autor: Hans-Wilm Schütte; Redaktion: Jochen Schürmann; Verlagsredaktion: Susanne Heimburger, Tamara Hub, Nikolai Michaelis, Kristin Schimpf, Martin Silbermann; Bildredaktion: Gabriele Forst, Anja Schlatterer
Im Trend: wunder media, München
Kartografie Reiseatlas: © MAIRDUMONT, Ostfildern; Kartografie Faltkarte: © MAIRDUMONT, Ostfildern
Gestaltung Cover, S. 1, S. 2/3, Faltkartencover: Karl Anders – Büro für Visual Stories, Hamburg; Gestaltung innen: milchhof:atelier, Berlin; Gestaltung Erlebnistouren: Susan Chaaban Dipl.-Des. (FH)
Sprachführer: in Zusammenarbeit mit Ernst Klett Sprachen GmbH, Stuttgart, Redaktion PONS Wörterbücher

BLOSS NICHT ☝

Wie man sich leicht Ärger ersparen kann

AN DER WESTKÜSTE BADEN

Außer in einigen durch vorgelagerte Riffe geschützten Buchten wird es an der Westküste wegen starker Strömungen meist lebensgefährlich, sobald Sie den Boden unter den Füßen verlieren. Kaum ein Jahr vergeht, ohne dass es mal wieder einen Leichtsinnigen erwischt.

EINEN SONNENBRAND RISKIEREN

Oder gar einen Hitzschlag! Dies ist die ernsteste Warnung von allen. Schon ein längerer Spaziergang am ersten Urlaubstag kann im Sommer selbst bei bedecktem Himmel trotz T-Shirt oder Bluse zu einem üblen Sonnenbrand führen. Auch zu anderen Jahreszeiten lässt der tückisch kühle Wind die Stärke der Sonne vergessen. Tragen Sie stets Sonnenschutzcremes mit hohem Schutzfaktor auf – auch bei Wolken –, und gehen Sie um die Mittagszeit in den Schatten. Besonders gefährdet sind Kleinkinder und sonnenempfindliche Hauttypen.

STRANDBURGEN RESERVIEREN

Andere Feriengäste von Strandburgen per Schild („bis ... reserviert für ...") auszusperren ist eine deutsche Unsitte – ein steter Quell von Streitereien und außerdem eine Unhöflichkeit gegenüber den Gepflogenheiten des Gastlands. Verständigen Sie sich lieber auf das Prinzip „Wer zuerst kommt, mahlt zuerst".

QUERFELDEIN FAHREN

Es ist natürlich verlockend, den geländegängigen Jeep mal so richtig über Stock und Stein zu prügeln. Tun Sie es aber bloß nicht in den Naturparks, z. B. auf der Halbinsel Jandía oder in den Dünen von Corralejo. Auf diesen Frevel stehen mittlerweile empfindliche Geldstrafen.

MIT DEM PKW NACH COFETE FAHREN

Zum Beispiel, denn für Pisten gilt Ihr Mietvertrag für den Leihwagen nicht. Das heißt: Sie fahren dann ohne Versicherungsschutz, und darauf stehen empfindliche Geldstrafen.

KAMERAS, ELEKTRONIK ODER UHREN KAUFEN

Zahlreiche Berichte von betrogenen Kunden mahnen zu äußerster Vorsicht. Unbedingt vorher herausfinden, was die Ware daheim kosten würde, dann einen Zeugen mitnehmen und auf Vollständigkeit des Zubehörs achten. Am sichersten: gar nichts kaufen.

AUF „ALL INCLUSIVE" ABFAHREN

Wer „alles inklusive" bucht, liefert sich der Preiskalkulation des Veranstalters aus. Das ist in teuren Clubanlagen kein Problem, kann Ihnen bei Billiganbietern aber den Urlaub vermiesen. Und ob's dadurch teurer wird, dass Sie nur für das zahlen, was Sie auch wirklich wollen?